eit im Märchen
en von Theodor Seifert

Weish
Herausgegeb

Olga Rinne

Die Gänsemagd

Wie eine Frau sich verliert und wiederfindet

Kreuz Verlag

CIP-Kurztitelaufnahme der Deutschen Bibliothek

Rinne, Olga:
Die Gänsemagd: wie e. Frau sich verliert
u. wiederfindet / Olga Rinne. – 1. Aufl. –
Zürich: Kreuz-Verlag, 1987.
(Weisheit im Märchen)
ISBN 3-268-00041-X

1. Auflage

Gestaltung: Hans Hug
Umschlagfoto: Artreference
ISBN 3-268-00041-X

Inhalt

Vorwort

Eine Fülle spannenden Materials erwartet die Leserin. Es fällt schwer, das Buch wieder aus der Hand zu legen, hat man erst einmal zu lesen begonnen. Die Dynamik der Entwicklung einer – vielleicht jeder – jungen Frau wird geschildert, eingebettet in die märchenhafte Geschichte der Gänsemagd, aber immer wieder verbunden mit den Quellen unserer Märchen in der Kulturgeschichte, der Mythologie und nicht zuletzt der Seele, die sich in ihnen verbildlicht.

Die Autorin folgt dem Leidensweg der Königstochter und stellt in packender Weise die einzelnen notwendigen Entwicklungsschritte so dar, daß sie in jeder Mutter-Tochter-Beziehung einer vaterlosen Gesellschaft wiedergefunden werden können. Aber das Buch bietet mehr als eine gut begründete Beschreibung weiblicher Entwicklung unter den gegenwärtigen herrschenden Verhältnissen. Es ist fast auf jeder Seite eine engagierte Ermutigung, den trotz aller Unsicherheiten vorgezeichneten Weg – verschüttet durch die Kulturgeschichte der Jahrtausende – wieder zu entdecken und tapfer zu gehen. Manch bittere Erfahrung ist dabei unumgänglich, aber sie wird zum Signal für das Ziel, zum Zeichen seiner

Erreichbarkeit. Dabei zeigt die Autorin in liebevoller und zugleich kritischer Sicht manche Verhaltensweisen auf, die dem Leben schaden, die aber überwindbar sind. Die archetypische Welt des Weiblichen, an der die einzelne teilhat, scheint in ihrer polaren warmen Helle und in ihrer eisigen Dunkelheit auf, verbunden mit dem Anruf, sich dieser menschlichen Problematik zu stellen.

»Märchen und Mythen enden nicht, sie erzählen sich in den Menschen weiter«, heißt es am Ende des Buches. So wird es der Leserin sicher ergehen, sie findet ihre Gänsemagd und steht, wie die junge Königin, immer wieder am Wendepunkt und dem Beginn einer neuen Stufe.

Lassen Sie das Märchen in Ruhe auf sich wirken. Spüren Sie dem nach, was es in Ihnen anregt, lassen Sie sich verzaubern von der ihm eigenen Kraft und Vision, lassen Sie sich von Ihren eigenen Reaktionen überraschen.

Ein Hinweis: Die Autoren dieser Reihe haben sich bei den Texten der Märchen an folgende Ausgabe gehalten: *Kinder- und Hausmärchen. Gesammelt durch die Brüder Grimm, 2 Bände, Manesse Verlag.*

Theodor Seifert

Die Gänsemagd

Es lebte einmal eine alte Königin, der war ihr Gemahl schon lange Jahre gestorben, und sie hatte eine schöne Tochter. Wie die erwuchs, wurde sie weit über Feld an einen Königssohn versprochen. Als nun die Zeit kam, wo sie vermählt werden sollten und das Kind in das fremde Reich abreisen mußte, packte ihr die Alte gar viel köstliches Gerät und Geschmeide ein, Gold und Silber, Becher und Kleinode, kurz alles, was nur zu einem königlichen Brautschatz gehörte, denn sie hatte ihr Kind von Herzen lieb. Auch gab sie ihr eine Kammerjungfer bei, welche mitreiten und die Braut in die Hände des Bräutigams überliefern sollte, und jede bekam ein Pferd zur Reise, aber das Pferd der Königstochter hieß Falada und konnte sprechen. Wie nun die Abschiedsstunde da war, begab sich die alte Mutter in ihre Schlafkammer, nahm ein Messerlein und schnitt damit in ihre Finger, daß sie bluteten: darauf hielt sie ein weißes Läppchen unter und ließ drei Tropfen Blut hineinfallen, gab sie der Tochter und sprach: „Liebes Kind, verwahre sie wohl, sie werden dir unterwegs not tun."

Also nahmen sie beide voneinander betrübten Abschied: das Läppchen steckte die Königstochter in ihren Busen vor sich, setzte sich aufs Pferd und zog nun fort zu ihrem Bräutigam. Da sie eine Stunde geritten waren, empfand sie heißen Durst und sprach zu ihrer Kammerjungfer: „Steig ab und schöpfe mir mit meinem Becher, den du für mich mitgenommen hast, Wasser aus dem Bache, ich möchte gern einmal trinken." – „Wenn Ihr Durst habt", sprach die Kammerjungfer, „so steigt selber ab, legt Euch ans Wasser und trinkt, ich mag Eure Magd nicht sein." Da stieg die Königstochter vor großem Durst herunter, neigte sich über das Wasser im Bach und trank und durfte nicht aus dem goldnen Becher trinken. Da sprach sie: „Ach Gott!", da antworteten die drei Blutstropfen: „Wenn das deine Mutter wüßte, das Herz im Leibe tät ihr zerspringen." Aber die Königsbraut war demütig, sagte nichts und stieg wieder zu Pferd. So ritten sie etliche Meilen weiter fort, aber der Tag war warm, die Sonne stach, und sie durstete bald von neuem. Da sie nun an einen Wasserfluß kamen, rief sie noch einmal ihrer Kammerjungfer: „Steig ab und gib mir aus meinem Goldbecher zu trinken", denn sie hatte aller bösen Worte längst vergessen. Die Kammerjungfer sprach aber noch hochmütiger: „Wollt Ihr trinken, so trinkt allein, ich mag nicht Eure Magd sein." Da stieg die Königstochter hernieder vor großem Durst, legte sich über das fließende Wasser, weinte und sprach: „Ach Gott!", und die Blutstropfen antworteten wiederum: „Wenn das deine Mutter wüßte, das Herz im Leibe tät ihr zerspringen." Und wie sie so trank und sich recht überlehnte, fiel ihr das Läppchen, worin die drei Tropfen waren, aus dem Busen und floß mit dem Wasser fort, ohne daß sie es in ihrer großen Angst merkte. Die Kammerjungfer hatte aber zugesehen und freute sich, daß sie Gewalt über die Braut bekäme: denn damit, daß diese die Blutstropfen verloren hatte, war sie schwach und machtlos geworden. Als sie nun wieder auf ihr Pferd steigen wollte, das da hieß Falada, sagte die Kammerfrau: „Auf Falada gehör ich, und auf meinen Gaul gehörst du"; und das mußte sie sich gefallen lassen. Dann befahl ihr die Kammerfrau mit harten Worten, die königlichen Kleider auszuziehen und ihre schlechten anzulegen, und endlich mußte sie sich unter freiem Himmel verschwören, daß sie am königlichen Hof keinem Menschen etwas davon sprechen wollte; und wenn sie diesen Eid nicht abgelegt hätte, wäre sie auf der Stelle umgebracht worden. Aber Falada sah das alles an und nahm's wohl in acht.

Die Kammerfrau stieg nun auf Falada und die wahre Braut auf das schlechte Roß, und so zogen sie weiter, bis sie endlich in dem königlichen Schloß eintrafen. Da war große Freude über ihre Ankunft, und der Königssohn sprang ihnen entgegen, hob die Kammerfrau vom Pferde und meinte, sie wäre seine Gemahlin: sie ward die Treppe hinaufgeführt, die wahre Königstochter aber mußte unten stehenbleiben. Da schaute der alte König am Fenster und sah sie im Hof halten und sah, wie sie fein war, zart und gar schön: ging alsbald hin ins königliche Gemach und fragte die Braut nach der, die sie bei sich hätte und da unten im Hofe stände, und wer sie wäre? „Die hab ich mir unterwegs mitgenommen zur Gesellschaft; gebt der Magd was zu arbeiten, daß sie nicht müßig steht." Aber der alte König hatte keine Arbeit für sie und wußte nichts, als daß er sagte: „Da hab ich so einen kleinen Jungen, der hütet die Gänse, dem mag sie helfen." Der Junge hieß *Kürdchen* (Konrädchen), dem mußte die wahre Braut helfen, Gänse hüten.

Bald aber sprach die falsche Braut zu dem jungen König: „Liebster Gemahl, ich bitte Euch, tut mir einen Gefallen." Er antwortete: „Das will ich gerne tun." – „Nun, so laßt den Schinder rufen und da dem Pferde, worauf ich hergeritten bin, den Hals abhauen, weil es mich unterwegs geärgert hat." Eigentlich aber fürchtete sie, daß das Pferd sprechen möchte, wie sie mit der Königstochter umgegangen war. Nun war das so weit geraten, daß es geschehen und der treue Falada sterben sollte; da kam es auch der rechten Königstochter zu Ohr, und sie versprach dem Schinder heimlich ein Stück Geld, das sie ihm bezahlen wollte, wenn er ihr einen kleinen Dienst erwiese. In der Stadt war ein großes finsteres Tor, wo sie abends und morgens mit den Gänsen durch mußte; unter das finstere Tor möchte er dem Falada seinen Kopf hinnageln, daß sie ihn doch noch mehr als einmal sehen könnte. Also versprach das der Schindersknecht zu tun, hieb den Kopf ab und nagelte ihn unter das finstere Tor fest.

Des Morgens früh, da sie und Kürdchen unterm Tor hinaustrieben, sprach sie im Vorbeigehen:

„O du Falada, da du hangest",

da antwortete der Kopf:

„O du Jungfer Königin, da du gangest,
Wenn das deine Mutter wüßte,
Ihr Herz tät ihr zerspringen."

Da zog sie still weiter zur Stadt hinaus, und sie trieben die Gänse aufs Feld. Und wenn sie auf der Wiese angekommen war, saß sie nieder und machte ihre Haare auf, die waren eitel Gold, und Kürdchen sah sie und freute sich, wie sie glänzten, und wollte ihr ein paar ausraufen. Da sprach sie:

„Weh, weh, Windchen,
Nimm Kürdchen sein Hütchen,
Und lass'n sich mit jagen,
Bis ich mich geflochten und geschnatzt
Und wieder aufgesatzt."

Und da kam ein so starker Wind, daß er dem Kürdchen sein Hütchen wegwehte über alle Land, und es mußte ihm nachlaufen. Bis es wieder kam, war sie mit dem Kämmen und Aufsetzen fertig, und er konnte keine Haare kriegen. Da war Kürdchen bös und sprach nicht mit ihr; und so hüteten sie die Gänse, bis daß es Abend ward, dann gingen sie nach Haus.

Den andern Morgen, wie sie unter dem finstern Tor hinaustrieben, sprach die Jungfrau:

„O du Falada, da du hangest."

Falada antwortete:

„O du Jungfer Königin, da du gangest,
Wenn das deine Mutter wüßte,
Das Herz tät ihr zerspringen."

Und in dem Feld setzte sie sich wieder auf die Wiese und fing an, ihr Haar auszukämmen, und Kürdchen lief und wollte danach greifen, da sprach sie schnell:

„Weh, weh, Windchen,
Nimm Kürdchen sein Hütchen,
Und lass'n sich mit jagen,
Bis ich mich geflochten und geschnatzt
Und wieder aufgesatzt."

Da wehte der Wind und wehte ihm das Hütchen vom Kopf weit weg, daß Kürdchen nachlaufen mußte; und als er wieder kam, hatte sie längst ihr Haar zurecht, und es konnte keins davon erwischen; und so hüteten sie die Gänse, bis es Abend ward.

Abends aber, nachdem sie heimgekommen waren, ging Kürdchen vor den alten König und sagte: „Mit dem Mädchen will ich nicht länger Gänse hüten." – „Warum denn?" fragte der alte König. „Ei, das ärgert mich den ganzen Tag." Da befahl ihm der alte König zu erzählen, wie's ihm denn mit ihr ginge. Da sagte Kürdchen: „Morgens, wenn wir unter dem finstern Tor mit der Herde durchkommen, so ist da ein Gaulskopf an der Wand, zu dem redet sie:

Falada, da du hangest,

da antwortet der Kopf:

O du Königsjungfer, da du gangest,
Wenn das deine Mutter wüßte,
Das Herz tät ihr zerspringen."

Und so erzählte Kürdchen weiter, was auf der Gänsewiese geschähe, und wie es da dem Hute im Wind nachlaufen müßte.

Der alte König befahl ihm, den nächsten Tag wieder hinauszutreiben, und er selbst, wie es Morgen war, setzte sich hinter das finstere Tor und hörte da, wie sie mit dem Haupt des Falada sprach: und dann ging er ihr auch nach in das Feld und barg sich in einem Busch auf der Wiese. Da sah er nun bald mit seinen eigenen Augen, wie die Gänsemagd und der Gänsejunge die Herde getrieben brachte, und wie nach einer Weile sie sich setzte und ihre Haare losflocht, die strahlten von Glanz. Gleich sprach sie wieder:

„Weh, weh, Windchen,
Nimm Kürdchen sein Hütchen,
Und lass'n sich mit jagen,
Bis ich mich geflochten und geschnatzt
Und wieder aufgesatzt."

Da kam ein Windstoß und fuhr mit Kürdchens Hut weg, daß es weit zu laufen hatte, und die Magd kämmte und flocht ihre Locken still fort, welches der alte König alles beobachtete. Darauf ging er unbemerkt zurück, und als abends die Gänsemagd heimkam, rief er sie beiseite und fragte, warum sie dem allem so tate? „Das darf ich Euch nicht sagen und darf auch keinem Menschen mein Leid klagen, denn so hab ich mich unter freiem Himmel verschworen, weil ich sonst um mein Leben gekommen wäre." Er drang in sie und ließ ihr keinen Frieden, aber er konnte nichts aus ihr herausbringen. Da sprach er:

„Wenn du mir nichts sagen willst, so klag dem Eisenofen da dein Leid", und ging fort. Da kroch sie in den Eisenofen, fing an zu jammern und zu weinen, schüttete ihr Herz aus und sprach: „Da sitze ich nun von aller Welt verlassen und bin doch eine Königstochter, und eine falsche Kammerjungfer hat mich mit Gewalt dahin gebracht, daß ich meine königlichen Kleider habe ablegen müssen, und hat meinen Platz bei meinem Bräutigam eingenommen, und ich muß als Gänsemagd gemeine Dienste tun. Wenn das meine Mutter wüßte, das Herz im Leibe tät ihr zerspringen." Der alte König stand aber außen an der Ofenröhre, lauerte ihr zu und hörte, was sie sprach. Da kam er wieder herein und hieß sie aus dem Ofen gehen. Da wurden ihr königliche Kleider angetan, und es schien ein Wunder, wie sie so schön war. Der alte König rief seinen Sohn und offenbarte ihm, daß er die falsche Braut hätte: die wäre bloß ein Kammermädchen, die wahre aber stände hier als die gewesene Gänsemagd. Der junge König war herzensfroh, als er ihre Schönheit und Tugend erblickte, und ein großes Mahl wurde angestellt, zu dem alle Leute und guten Freunde gebeten wurden. Obenan saß der Bräutigam, die Königstochter zur einen Seite und die Kammerjungfer zur anderen, aber die Kammerjungfer war verblendet und erkannte jene nicht mehr in dem glänzenden Schmuck. Als sie nun gegessen und getrunken hatten und guten Muts waren, gab der alte König der Kammerfrau ein Rätsel auf, was eine solche wert wäre, die den Herrn so und so betrogen hätte, erzählte damit den ganzen Verlauf und fragte: „Welches Urteils ist diese würdig?" Da sprach die falsche Braut: „Die ist nichts Besseres wert, als daß sie splitternackt ausgezogen und in ein Faß gesteckt wird, das inwendig mit spitzen Nägeln beschlagen ist: und zwei weiße Pferde müssen vorgespannt werden, die sie Gasse auf Gasse ab zu Tode schleifen." – „Das bist du", sprach der alte König, „und hast dein eigen Urteil gefunden, und danach soll dir widerfahren." Und als das Urteil vollzogen war, vermählte sich der junge König mit seiner rechten Gemahlin, und beide beherrschten ihr Reich in Frieden und Seligkeit.

Einführung

Das Märchen »Die Gänsemagd« wurde 1815 von Jakob Grimm aufgezeichnet. Es erscheint unverändert, in seiner Urfassung, in allen Auflagen der »Kinder- und Hausmärchen«. Zahlreiche andere Märchen der Grimmschen Sammlung weisen gleiche oder ähnliche Motive auf: »Brüderchen und Schwesterchen«, »Die weiße und die schwarze Braut«, »Die Gänsehirtin am Brunnen«, »Die Jungfrau Maleen«, um nur einige zu nennen. Zum Zeitpunkt seiner Aufzeichnung waren andere Versionen des Märchens in Deutschland bekannt[1]; aber auch aus Frankreich, Skandinavien, Griechenland, Rußland, Nordindien und Afrika sind Varianten belegt[2].

Das zentrale Motiv des Märchens, das der untergeschobenen oder vertauschten Braut, ist geradezu universell verbreitet. In ernster oder komischer Form ist es Thema oder Bestandteil von Mythen, Märchen, Sagen, Epen, Romanen und Bühnenstücken. Wir finden es in der Bibel – Jakob dient sieben Jahre lang um Rahel; als er nach Ablauf dieser Zeit seine Braut einfordert, wird ihm heimlich Lea zugeführt – und in den Götterliedern der älteren Edda. Der Riese Thrym hat Thors Waffe, den Hammer, geraubt und verlangt für die Herausgabe die Göttin Freya zur Frau. In die

Brautgewänder der Göttin gehüllt und von Loki in Gestalt einer Dienerin begleitet, erscheint Thor vor dem Riesen.

In der Form, in der das Motiv hier im Märchen erscheint, stammt es mit großer Wahrscheinlichkeit aus dem Mittelalter. Es spielt im Tristanroman des Gottfried von Straßburg eine zentrale Rolle, und es bildet den Kern einer Sage, die sich um Berta, die Mutter Karls des Großen, rankt. Die in Deutschland und Frankreich verbreitete Berta-Sage[3] weist große Ähnlichkeit mit dem Märchen auf. Nach den deutschen Versionen wird die ungarische Prinzessin Berta auf ihrer Brautreise nach Frankreich von den Knechten des Hofmeisters, der sie begleitet, (oder von drei Rittern) mit dem Tod bedroht und allein im Wald zurückgelassen. Die Tochter des Hofmeisters wird an ihrer Stelle mit Pippin dem Kleinen vermählt, Berta findet Zuflucht bei einem Müller; dort begegnet ihr Pippin nach Jahren, als er sich auf der Jagd verirrt. Pippin verliebt sich in Berta; er erkennt ihre königliche Herkunft an den kunstvollen Webereien, die sie herstellt. Der König führt Berta nach Frankreich und setzt sie als seine Gemahlin in ihre ursprünglichen Rechte ein.[4]

Die Ähnlichkeit von Sage und Märchen muß nicht bedeuten, daß die Sage »älter« oder daß das Märchen von ihr abgeleitet sei; ich nehme vielmehr an, daß sich beide einer im Mittelalter weitverbreiteten Überlieferung bedienen. Auch Lancelot, der Ritter der Artusrunde, wird im Schutz der Nacht zu einer »falschen Braut« geführt, die er für seine Geliebte, die Königin Guinevra, hält.

Im Laufe einer langen mündlichen Überlieferungstradition lagern sich in Mythen und Märchen Motive unterschiedlicher kulturhistorischer Herkunft gleichsam wie geologische Schichten ab. In dem Märchen »Die Gänsemagd« reicht diese Schichtung vom 19. Jahrhundert, dem Zeitpunkt seiner endgültigen Fixierung, über das Mittelalter bis in die Frühgeschichte hinein. In einigen seiner Motive zeigen sich Reste und Bruchstücke uralter Überlieferungen, Spuren eines »wilden Denkens«, wie es archaischen Stammes- und Clankulturen eigen ist. Vielleicht liegt es unter anderem an diesen dem modernen Bewußtsein fremden Elementen, daß vielen Lesern das Märchen stellenweise düster und unheimlich erscheint.

Der französische Ethnologe Lévi-Strauss fand ein treffendes Bild, um die Struktur von Mythen zu beschreiben. Er verglich die mythische Erzählweise (die ja auch für Märchen gilt) mit dem Vorgehen eines Bastlers. Wie der Bastler auf praktischem Gebiet arbeitet der »mythische Erzähler« im Bereich der Bilder und Symbole mit Bruchstücken und Überresten, Spuren individueller und kollektiver Erinnerungen, die er zu neuen strukturierten Ganzheiten verbindet.[5]

Wie »mythische Bastler« müssen heute auch Frauen vorgehen, die ein neues Bild von Weiblichkeit in sich zu entwickeln und nach außen zu vermitteln suchen, ein Bild, das nicht den Stempel der Normen und Werte männlichen Denkens trägt. Wenn Frauen in ihr Leben eintreten, finden sie sich nicht mit einer geschlossenen Ahnenreihe eindrucksvoller und Maßstäbe setzender »Mütter« konfrontiert, an deren Leistungen sie sich messen und die sie überwinden müssen. Frauen finden vielmehr nur fossile Zeugen einer »Kultur des Weiblichen«, Reste und Bruchstücke, die an den Rändern der »offiziellen« Kultur liegengeblieben sind und die sie selbst zu einer vollständigen Gestalt ergänzen müssen.

Ein großer, beinahe der überwiegende Teil der in die Sammlung »Kinder- und Hausmärchen« eingegangen Erzählungen wurde den Brüdern Grimm von Frauen übermittelt. »Die Gänsemagd« stammt aus dem reichhaltigen Repertoire der Dorothea Viehmann aus Zwehrn in Hessen, die nicht, wie man von einer Märchenerzählerin annehmen möchte, eine bäuerliche »Frau aus dem Volk«, sondern eine Schneidersgattin hugenottischer Abstammung war. Die Tradition des Märchenerzählens war bereits zu einer Domäne der Frauen geworden (die Romantik weckte das Interesse des gebildeten Bürgertums an dieser Tradition); die Erfahrungen und Interessen von Frauen hatten zunehmend die Auswahl und Kombination der Motive bestimmt und die erzählerische Gestalt geprägt. Das zeigt sich unter anderem daran, daß in den Grimmschen Märchen Frauen beziehungsweise junge Mädchen als Zentralfiguren dominieren.[6]

Doch das Frauenbild in Märchen stellt viele emanzipierte Frauen vor Probleme. Sind nicht gerade Märchenheldinnen wie die Gänsemagd, diese umhergestoßenen, demütigen und passiven Kreaturen, als Identifikationsfiguren denkbar ungeeignet? Wird durch die Darstellung ihrer Leidenswege, an die sich ein konventionelles Happy-End anschließt, nicht gerade zu weiterem Ducken, Anpassen und Bravsein aufgefordert? Als Spiegel individueller und kollektiver weiblicher Erfahrung zeigt sich das Märchen »Die Gänsemagd« jedoch von einer anderen Seite. Es schildert nicht nur Abhängigkeit und Passivität, sondern zeigt auch Wege, die aus diesen Zuständen herausführen.

Das Märchen ist eine in sich stimmige Ganzheit. Wenn man es aber in seine Bestandteile zerlegt, seine Elemente untersucht und seinen Motiven auf die (kulturhistorische) Spur kommt, tun sich zahlreiche Widersprüche auf, verwirrende Brüche und Risse erscheinen in seiner Struktur. Eine Interpretation, die sich konsequent an eine – an die individualpsychologische, tiefenspychologische oder die kulturhistorische – Linie hält, könnte der Schwierigkeit aus dem Weg gehen, selbst brüchig, widersprüchlich und vieldeutig zu werden. Ich meine aber, daß man damit dem Märchen nicht gerecht würde. Gerade die Bruchstellen sind aufschlußreich; halbvergessene und verdrängte Inhalte schimmern durch die Risse und Brüche hindurch. Die Bruchstellen sind Anzeichen von Konflikten zwischen Lebensauffassungen, die sich durchgesetzt haben und zu den »herrschenden« geworden sind, und solchen, die als »beherrschte« in den Untergrund abwandern mußten. Dort führen sie ein eingekapseltes Dasein, wie gewisse Bakterien, sind aber wie diese durch einen Tropfen Wasser wieder zum Leben zu erwecken.

Die Heldin des Märchens tritt eine Reise an – ihre Lebensreise. Ich folge in meiner Interpretation den Stationen dieser Reise, um ihrer Komplexität gerecht zu werden, mit angemessen verwirrenden Abwegen.

Die gute Mutter

Es lebte einmal eine alte Königin, der war ihr Gemahl schon lange Jahre gestorben, und sie hatte eine schöne Tochter. Wie die erwuchs, wurde sie weit über Feld an einen Königssohn versprochen. Als nun die Zeit kam, wo sie vermählt werden sollten und das Kind in das fremde Reich abreisen mußte, packte ihr die Alte gar viel köstliches Gerät und Geschmeide ein, Gold und Silber, Becher und Kleinode, kurz alles, was nur zu einem königlichen Brautschatz gehörte, denn sie hatte ihr Kind von Herzen lieb. Auch gab sie ihr eine Kammerjungfer bei, welche mitreiten und die Braut in die Hände des Bräutigams überliefern sollte, und jede bekam ein Pferd zur Reise, aber das Pferd der Königstochter hieß Falada und konnte sprechen. Wie nun die Abschiedsstunde da war, begab sich die alte Mutter in ihre Schlafkammer, nahm ein Messerlein und schnitt damit in ihre Finger, daß sie bluteten: darauf hielt sie ein weißes Läppchen unter und ließ drei Tropfen Blut hineinfallen, gab sie der Tochter und sprach: „Liebes Kind, verwahre sie wohl, sie werden dir unterwegs not tun.“

Zu Beginn zeigt uns das Märchen eine warme, liebevolle Mutter-Tochter-Beziehung. Die Mutter ist eine Königin, das Kind ist eine kleine Prinzessin; beide leben in einer ungestört-harmonischen Frauenwelt. Der Gemahl der Königin ist vor langer Zeit gestorben, es gibt also keinen Vater, der an ihrer Beziehung teilhat.

Die Mutter hat klare Vorstellungen über die Zukunft ihrer Tochter: Sie soll heiraten, das steht fest, und natürlich einen Ebenbürtigen, einen Königssohn. Das Kind soll es nach Möglichkeit besser, keinesfalls aber schlechter haben als sie selbst. Die enge Beziehung der beiden steht vor einer grundlegenden Veränderung. Das Mädchen wird allmählich zur Frau, es beginnt, seine eigenen Wege zu gehen. Für die Mutter wird es Zeit, die Tochter in ihr eigenes Leben zu entlassen. Mit typisch mütterlicher Fürsorglichkeit trifft sie die Vorbereitungen für diesen wichtigen Schritt. Sie gibt ihrer Tochter noch einmal besondere Beweise ihrer Liebe, überhäuft sie mit Geschenken – und zweifellos mit nützlichen Ratschlägen.

Die Lösung aus dem vertrauten, engen Verhältnis fällt beiden schwer. Das Mädchen wird die Mutter verlassen, aber eine Stellvertreterin reist mit, die dafür sorgen soll, daß die mütterlichen Zukunftsvorstellungen auch verwirklicht werden.

In der mittelalterlichen Feudalgesellschaft, in der die Szenerie des Märchens angesiedelt ist, war die Kammerfrau einer Königin eine adlige Dame von hohem Rang, oft eine nahe Verwandte und eine enge Vertraute. Der Dienst in der engsten Umgebung der Königin war eine Vorzugsstellung mit hohem Prestige. Die der Königin nahestehende und ihr zur Gefolgschaftstreue verpflichtete Kammerfrau soll das Mädchen »in die Hände des Bräutigams überliefern«; sie stellt eine Art verlängerten Arm der Mutter dar.

Wie es sich für eine Märchenprinzessin gehört, bekommt die Tochter außerdem magischen Schutz mit auf den Weg. Das Pferd Falada kann sprechen, dadurch weist es sich als magischer Begleiter aus. In einer anderen Version des Märchens heißt das Pferd Folle.[7] Folle oder Fohle ist ein altertümliches Wort für Stute, im älteren süddeutschen Sprachgebrauch wurde auch ein Mädchen als Fohle bezeichnet. Die Brüder Grimm merken an, daß Fohle eine »tadelhafte« Bezeichnung sei; das heißt, daß sie eine tabuierte sexuelle Nebenbedeutung hat.[8]

Die Stute ist das Symbol frühgeschichtlicher Erd- und Muttergöttinnen, die zuerst in Gestalt der Stute verehrt und später als Reiterinnen dargestellt wurden. Epona, die keltische Muttergöttin, wird stets zu Pferd dargestellt, wie auch die gallische Göttin Rhiannon, deren Name »große Königin« bedeutet[9]. Die Göttin Demeter wurde im vorhellenischen Griechenland als »Leukippe«, weiße Stute, oder als »pferdeköpfige Demeter« verehrt. Ihre Priesterinnen trugen Pferdemasken.[10] Auch in der klassischen griechischen Mythologie hat Demeter ihre Pferdegestalt noch zur Verfügung. Als Poseidon sie mit sexuellen Nachstellungen verfolgt, verwandelt sie sich in eine Stute und verbirgt sich in einer Pferdeherde. Poseidon entdeckt sie dort, nimmt selbst die Gestalt eines Hengstes an und vereinigt sich mit ihr. Diese Mythe geht wahrscheinlich auf ein archaisches Fruchtbarkeitsritual zurück, in dem sich Königin und König auf freiem Feld wie Stute und Hengst und wie Erde und Wasser vereinigten, um die Fruchtbarkeit der Herden und der Felder magisch zu garantieren. Pferdehufe hinterlassen mondförmige Abdrücke; in vorklassischer Zeit war das Pferd der dreifaltigen Mondgöttin geweiht – später, in der klassischen Periode, dem Poseidon.

Auch im I Ging, dem jahrtausendealten chinesischen Weisheitsbuch, ist das Pferd dem Weiblichen und der Fruchtbarkeit zugeordnet. Die Stute ist das Symbol des zweiten Urzeichens Kun, das Empfangende, die Erde.

Das Pferd als Symbol elementarer, fruchtbarer Weiblichkeit ist eine bedeutungsvolle Gabe. Die alte Königin fügt einen weiteren Schutzzauber hinzu, den sie ihrer Tochter mit besonderem Nachdruck ans Herz legt: drei Tropfen ihres eigenen Blutes. Vielleicht will sie das Mädchen ermahnen, die Blutsbande nicht zu vergessen und in Schwierigkeiten oder Notlagen bei ihr, der Mutter, Rat zu suchen. »Stell dir das Leben nicht so einfach vor – und vergiß nicht, du kannst immer zu mir kommen«, so könnte die Botschaft lauten.

Doch daß die Mutter sich in ihre Schlafkammer zurückzieht, um dem Mädchen die Blutstropfen zu übergeben, weist noch auf eine andere Bedeutung hin. Die Schlafkammer ist der intime und private Bereich, den niemand ohne weiteres betritt, ein Ort der Geheimnisse, für ein Kind zumindest, der Ort der körperlichen Intimität. Die Blutstropfen deuten die

Geschlechtsreife des Mädchens an, die Menarche, die den Übergang vom Kind zur Frau markiert.

Bei den Naturvölkern ist das Eintreten der Menarche ein Ereignis von besonderer Bedeutung. In den meisten Stammesgesellschaften wird das Mädchen eine Zeitlang vom Alltagsleben der Gemeinschaft abgesondert und in die Wildnis, in eine abgelegene Hütte oder in ein besonderes, den Frauen vorbehaltenes Haus geführt. Der Ort, an dem die erste Menstruation des Mädchens gefeiert wird, ist im allgemeinen zugleich der Ort, an dem die Frauen gebären. Dort wird das Mädchen von den älteren Frauen in die Geheimnisse der Geschlechtlichkeit eingeweiht, auf das Leben als erwachsene Frau vorbereitet und in die weiblichen Künste und Tätigkeiten eingeführt.

Im Märchen zeigt sich noch ein Rest des abgegrenzten »Bezirks des Weiblichen«. Doch die Mutter schneidet sich mit einem Messer in die Finger und zeigt der Tochter die Wunde. Sie ist verletzt und gibt die Spuren der Verletzung an die Tochter weiter. Das Märchen wurde zuletzt von Frauen des ausgehenden 18. und beginnenden 19. Jahrhunderts weitererzählt. Vielleicht hat diese Mutter ihre körperliche Weiblichkeit, Menstruation, Schwangerschaft und Geburt als Krankheit erlebt und ihre sexuellen Beziehungen als etwas Verletzendes, etwas, das sie erleiden mußte.

Die alte Königin übergibt ihrer Tochter die Blutstropfen mit einer Warnung: »Verwahre sie wohl, sie werden dir unterwegs not tun.« – »Paß auf dich auf, mein Kind, die Männer wollen alle nur dasselbe«, kann das heißen, oder: »Wirf dich nicht weg! Wenn du ohne weiteres mit einem Mann schläfst, verachtet er dich dafür und läßt dich nachher einfach sitzen.«

Da die Mutter selbst in ihrer Weiblichkeit verletzt ist, erfährt das Mädchen vermutlich nicht, daß die Botschaft der Blutstropfen auch anders lauten könnte: »Du wirst sehen, deine Weiblichkeit ist eine Kraftquelle, auf die du dich in Notlagen und Gefahren verlassen kannst.«

Trotz ihrer magischen Mitgift ist die Königstochter bei ihrem Aufbruch ins Leben ziemlich auf sich allein gestellt. Für eine so hochgestellte junge Braut erscheint das als recht ungewöhnlich. Gottfried von Straßburg beschreibt im »Tristan« den Aufbruch der irischen Prinzessin Isolde: Zwei Schiffe müssen ausgerüstet werden, um das Gefolge von Rittern, Knechten, Kammerfrauen und Dienerinnen aufzunehmen, das sie auf ihrer Brautreise begleitet. Zur Bequemlichkeit der Damen ist eine besondere »kielkemenâte«, eine luxuriöse Kajüte, eingerichtet worden. Die Königstochter im Märchen aber bricht zu Pferd auf, nur von einer Kammerfrau begleitet.

Ihre Mutter ist eine Königin ohne Macht. Sie hat ihr keinen Thron und kein Reich zu vererben und kann ihr keine Eskorte stellen. Wie viele Mütter herrscht sie nur im »inneren Bereich«, in der Familie. Sie kann ihre Tochter nur unzureichend auf die männlich geprägte Erwachsenenwelt vorbereiten. Einen Vater, der diese Aufgabe übernehmen könnte, gibt es nicht. Das Märchen beschreibt eine Familienkonstellation, die für unsere Gesellschaft typisch ist: eine Mutter, die in allen »inneren Angelegenheiten« der Familie das Szepter führt, und ein Mädchen, das fast ausschließlich am Beispiel der Mutter lernt. Ein lebender Vater kann als Erziehungseinfluß ebenso abwesend sein wie der tote Gemahl der Königin. Er ist nicht mehr der mächtige Patriarch, der er noch im 19. Jahrhundert war, gleichzeitig gefürchtete Autorität und anleitendes Vorbild. Eine veränderte Berufswelt hält ihn den größten Teil des Tages von der Familie fern. Er ist von den Anforderungen und Problemen seines Berufs absorbiert; zu Hause sucht er vor allem Entspannung und Versorgung. Für das Kind bleibt er oft ein Fremder. Das höhere Prestige, das ihm seine Rolle als Ernährer verleiht, macht ihn zu einer »offiziellen« Autorität. Das heranwachsende Kind lernt bald, diese Scheinautorität zu durchschauen und sich ihr zu entziehen. Ein Mädchen in dieser Situation entwickelt nur eine vage Vorstellung vom Männlichen, die einer abstrakten und ungreifbaren Macht.[11]

Für ein Mädchen, dem der Vater fremd geblieben und dem die Mutter das einzige Lebensvorbild ist, wird der Aufbruch ins eigene Leben besonders schwierig und schmerzhaft. Als Lebenshilfe kann die Mutter dem Mädchen nur das mit auf den Weg geben, was ihr selbst zur Verfügung steht: den schützenden Einfluß ihrer mütterlichen Weiblichkeit – und ein dienendes Verhaltensmuster.

Die schlechte Mutter

Also nahmen sie beide voneinander betrübten Abschied: das Läppchen steckte die Königstochter in ihren Busen vor sich, setzte sich aufs Pferd und zog nun fort zu ihrem Bräutigam. Da sie eine Stunde geritten waren, empfand sie heißen Durst und sprach zu ihrer Kammerjungfer: „Steig ab und schöpfe mir mit meinem Becher, den du für mich mitgenommen hast, Wasser aus dem Bache, ich möchte gern einmal trinken." – „Wenn Ihr Durst habt", sprach die Kammerjungfer, „so steigt selber ab, legt Euch ans Wasser und trinkt, ich mag Eure Magd nicht sein." Da stieg die Königstochter vor großem Durst herunter, neigte sich über das Wasser im Bach und trank und durfte nicht aus dem goldnen Becher trinken. Da sprach sie: „Ach Gott!", da antworteten die drei Blutstropfen: „Wenn das deine Mutter wüßte, das Herz im Leibe tät ihr zerspringen." Aber die Königsbraut war demütig, sagte nichts und stieg wieder zu Pferd. So ritten sie etliche Meilen weiter fort, aber der Tag war warm, die Sonne stach, und sie durstete bald von neuem. Da sie nun an einen Wasserfluß kamen, rief sie noch einmal ihrer Kammerjungfer:

„Steig ab und gib mir aus meinem Goldbecher zu trinken", denn sie hatte aller bösen Worte längst vergessen. Die Kammerjungfer sprach aber noch hochmütiger: „Wollt Ihr trinken, so trinkt allein, ich mag nicht Eure Magd sein." Da stieg die Königstochter hernieder vor großem Durst, legte sich über das fließende Wasser, weinte und sprach: „Ach Gott!", und die Blutstropfen antworteten wiederum: „Wenn das deine Mutter wüßte, das Herz im Leibe tät ihr zerspringen."

Der Prozeß der Ablösung von der Mutter vollzieht sich allmählich, in vielen Schritten und Stufen, von der frühen Kindheit an – und oft bis ins Erwachsenenalter hinein.

Die Königstochter hat den ersten Schritt ins eigene Leben getan. Äußerlich entfernt sie sich immer mehr aus der Einflußsphäre ihrer Mutter, aber aus der inneren Symbiose mit ihr hat sie sich noch nicht gelöst. Die Blutstropfen, die sie bei sich trägt, sind ein Zeichen dafür. Die ungewohnten Anforderungen, die das veränderte Leben an sie stellt, lassen ein quälendes Mangelgefühl in ihr aufkommen: Durst.

Durst ist ein elementares Bedürfnis, und ungestillter Durst ist eine Qual. Das Trinken an der Mutterbrust ist die erste elementare Befriedigung, die ein Mensch erfährt. Hunger, Durst, das Bedürfnis nach Wärme, Nähe, Zärtlichkeit, Schutz und Trost sind für den Säugling noch ungetrennt; der Körper der Mutter erfüllt alle diese Bedürfnisse zugleich. Ihre Brust ist der goldene Becher, aus dem er trinkt und den sie immer für ihn bereithält.

Die Königstochter ist ein geliebtes, vielleicht sogar verwöhntes und verhätscheltes Kind. Als sie Durst hat, ruft sie sofort nach der Dienerin, die den goldenen Becher bei sich trägt. Daß sie sich selbst zu trinken holen könnte, kommt ihr überhaupt nicht in den Sinn. Sie ist eine Prinzessin und erwartet ganz selbstverständlich, daß sie versorgt wird. Aber die Kammerfrau, die doch die Aufgabe hat, ihre Wünsche zu erfüllen, setzt ihr unerwarteten Widerstand entgegen und verweigert plötzlich den Dienst.

In ihr zeigt sich ein anderer Mutteraspekt, kalt, hart und tyrannisch, die »schlechte Mutter«, die zu der »guten Mutter«, der alten Königin, in krassem Gegensatz steht. In den der »Gänsemagd« verwandten Märchen spielen böse Stiefmütter diese Rolle. Die Mutter, die das Füllhorn besitzt, den goldenen Becher, der alle Bedürfnisse erfüllt, hat auch die Macht, die Befriedigung zu verweigern.

Zwischen Müttern und Töchtern kommt es während der Pubertätszeit der Mädchen leicht zu Konflikten, nicht selten zum Ausbruch offener Feindseligkeiten. Das Mädchen sucht nach seiner eigenen Identität, bemüht sich darum, sich in jeder Hinsicht von der Mutter abzugrenzen, Vorstellungen von sich selbst, vom Leben, von der Welt zu entwickeln, die sich von denen der Mutter unterscheiden. Die Mutter reagiert verletzt auf die Autonomiebestrebungen der Tochter. Bisher hat sie im Leben des Kindes die zentrale Rolle gespielt. Nun wendet sich das bewundernde und anhängliche Mädchen plötzlich von ihr ab und scheint sie nicht mehr zu brauchen. Außerdem konfrontiert das Heranwachsen der Tochter sie mit ihrem eigenen Älterwerden. Vielleicht beginnt sie sich auch über die Bequemlichkeit der Tochter zu ärgern, die zwischen erwachsen-verständigem und kindlich-abhängigem Verhalten hin- und herschwankt, und begegnet ihren Forderungen mit Härte und Verweigerung. In der Konstellation, die das Märchen beschreibt, muß sie ihren Konflikt mit der Tochter allein austragen. Es ist kein verständnisvoller Partner da, der dem Mädchen eine Brücke zur Welt bauen und der Frau über ihren Verlust hinweghelfen könnte.[12] Die Tochter, die sich zwar heftig von der Mutter abgrenzen und keine Bevormundung mehr dulden, aber auch auf die gewohnte passive Befriedigung nicht verzichten will, sieht sich plötzlich mit einer Fremden konfrontiert, einer schlechten Mutter, einer Feindin. Verzweifelt sucht sie nach der guten Mutter der Kindheit, der Mutter ihrer Erinnerungen, Wünsche und Vorstellungen, die ihr helfen soll, die irritierenden Veränderungen in ihrem Körper und in ihrem seelischen Erleben zu begreifen.

Eine offen aggressive Mutter mag da noch von Vorteil sein. Ihre Angriffe verletzen zwar, aber ihr Verhalten rechtfertigt auch eigene Aggressionen und Rebellion. Eine Mutter, die sich nicht offen abweisend verhält, kann als noch schlimmere Feindin erlebt werden. Es ist erstaunlich, welche ungeheure Macht dienend, sanft und fügsam auftretende Frauen auf ihre Familien ausüben können. Sie verweigern sich auf subversive Weise, durch ständige Vorwurfshaltung, mürrischen Rückzug und offensichtliches Leiden. Den Aggressionen, die sie auslösen, bieten sie jedoch keine Angriffsfläche, denn es ist unmöglich, gegen eine gütige, leidende, fügsam-vorwurfsvolle Frau offen aufzubegehren.

Bei der Tochter einer solchen Mutter werden sich Wut und Aggression bald in bohrende Schuldgefühle verwandeln. Demütig wie die Königstochter wird sie versuchen, es der Mutter recht zu machen, zu tun, was sie erwartet, um damit die gute Mutter wieder hervorzulocken, »aller bösen Worte« zu vergessen und die Harmonie wiederherzustellen. Doch ihr Unabhängigkeitsdrang wird ihr auch keine Ruhe lassen. Sie wird erneut Ansprüche stellen, den Machtkampf mit der Mutter wieder aufnehmen und versuchen, sich gegen sie durchzusetzen.

Die Ambivalenz zwischen kindlichen Symbiosewünschen und rebellischen Autonomiebestrebungen geht bei vielen Menschen, bei Männern und Frauen, weit über die Pubertät hinaus. Nur richten sich passive Glückserwartungen und Unabhängigkeitswünsche nun nicht mehr unmittelbar an die Mutter, sondern an geeignete Stellvertreter, an Liebespartner, Freunde, Gleichgesinnte, an die Umwelt, an die Gesellschaft. Liebespartner und Freunde können die Symbiosewünsche nur unzureichend, nur für kurze Zeit oder gar nicht erfüllen. Und wenn man nicht weiß – und auch nicht gelernt hat –, daß man selbst einen Goldbecher besitzt, wenn man sich auf den Becher der anderen angewiesen fühlt, bleibt auch die ersehnte Unabhängigkeit aus. Der quälende Durst ist bald wieder da.

Ein Mensch, der im Konflikt zwischen passiven Glückserwartungen und dem Streben nach Unabhängigkeit gefangen ist, muß sein Leben als schmerzhaft unerfüllt erleben. Er dürstet nach Nähe, Wärme, Zärtlichkeit und Zuwendung, nach Beachtung und Bestätigung, empfindet es aber als Kränkung, dafür selbst aktiv werden und sogar vom hohen Roß herunter zu müssen. »Wenn das deine Mutter wüßte, das Herz im Leib tät' ihr zerspringen«, sagt ihm eine innere Stimme, die ihn zum Weinen bringt und ihm immer wieder einen paradiesischen Harmoniezustand vor Augen führt, den er ersehnt, der sich aber einfach nicht einstellen will.

Die Königstochter will die Hoffnung auf diesen Harmoniezustand nicht aufgeben. Immer wieder vergißt sie, daß die Kammerfrau nicht mehr ihre Magd sein will, so als wollte sie es nicht wahrhaben. Ihr Leben ist ein ständiges Auf und Ab zwischen Jammern und Klagen, depressiven Stimmungen und flüchtiger neuer Hoffnung, die sich bald wieder als grundlos erweist. Dennoch lernt sie etwas aus ihren Erfahrungen. Sie steigt herunter vom Pferd, legt sich auf den Bauch, neigt sich über das Wasser und trinkt. So kommt sie – wenn auch auf eine für sie unerfreuliche Weise – in unmittelbaren Kontakt mit dem Leben.

Macht und Ohnmacht

Und wie sie so trank und sich recht überlehnte, fiel ihr das Läppchen, worin die drei Tropfen waren, aus dem Busen und floß mit dem Wasser fort, ohne daß sie es in ihrer großen Angst merkte. Die Kammerjungfer hatte aber zugesehen und freute sich, daß sie Gewalt über die Braut bekäme: denn damit, daß diese die Blutstropfen verloren hatte, war sie schwach und machtlos geworden. Als sie nun wieder auf ihr Pferd steigen wollte, das da hieß Falada, sagte die Kammerfrau: „Auf Falada gehör ich, und auf meinen Gaul gehörst du"; und das mußte sie sich gefallen lassen. Dann befahl ihr die Kammerfrau mit harten Worten, die königlichen Kleider auszuziehen und ihre schlechten anzulegen, und endlich mußte sie sich unter freiem Himmel verschwören, daß sie am königlichen Hof keinem Menschen etwas davon sprechen wollte; und wenn sie diesen Eid nicht abgelegt hätte, wäre sie auf der Stelle umgebracht worden. Aber Falada sah das alles an und nahm's wohl in acht.

Die Königstochter hat Angst. Eine vage Bedrohung hat sich für sie zur Gefahr verdichtet. Im Märchen tritt jetzt ein entscheidendes Ereignis ein, die dramatische Wende, die alle weiteren Ereignisse bestimmt. Als sich die Königstochter zum letzten Mal über das Wasser beugt und trinkt, unterläuft ihr eine folgenschwere Unachtsamkeit: Sie verliert die magischen Blutstropfen – und bemerkt den Verlust nicht einmal. Die Kammerfrau, die das beobachtet hat, gewinnt nun Macht über sie und setzt sie auch ein.

Jeder, der das Märchen kennenlernt, wundert sich, daß die Königstochter sich nicht zur Wehr setzt, und fragt sich, woher die Kammerfrau ihre Macht bezieht. Der plötzliche Wechsel der Rollen, vor allem aber die völlige Passivität der Königstochter, die unter einem Bann zu stehen scheint, wirkt – selbst im Rahmen der inneren Logik des Märchens – unverständlich. Die bösen Stiefmütter in den verwandten Märchen »Die weiße und die schwarze Braut« und »Brüderchen und Schwesterchen« setzen Hexenkünste ein, um die zukünftige Königin von ihrem Platz zu verdrängen. Dieses Märchen gibt keine so eindeutige Erklärung.

Ein literarisches Beispiel soll verdeutlichen, worauf der Machtgewinn der Kammerfrau ursprünglich beruhte. Gottfried von Straßburg schildert im »Tristan«, wie Isolde und ihre Kammerjungfer Brangäne die Plätze tauschen. Isolde hat sich auf ihrer Brautreise in ein leidenschaftliches Liebesverhältnis mit Tristan verstrickt. Je näher sie ihrem Ziel, dem Hof König Markes in Cornwall, kommt, desto größer wird ihre Angst. Wenn Marke, ihr zukünftiger Gemahl, den Verlust ihrer Jungfräulichkeit entdeckt, muß sie für sich selbst und für ihren Geliebten den Tod befürchten. Tristan und Isolde flehen Brangäne an, ihnen aus ihrer Not zu helfen, nehmen ihr einen

Schwur ab, über das Geheimnis ihrer Liebe und ihrer Verfehlung zu schweigen, und überreden sie gemeinsam, in der Hochzeitsnacht Isoldes Platz in Markes Bett einzunehmen. Brangäne, die sich mitschuldig fühlt, willigt ein. Durch ihre Unachtsamkeit haben Tristan und Isolde den Liebestrank genossen, den Isoldes Mutter Brangäne anvertraut hatte und der für das künftige Königspaar bestimmt war. Die List gelingt; Isolde und Brangäne tauschen heimlich die Gewänder – Marke bemerkt nicht, daß er den ersten Teil der Nacht mit Brangäne, den zweiten Teil der Nacht mit Isolde verbringt. Nachträglich aber beginnt Isolde ihrer loyalen Dienerin zu mißtrauen. Sie befürchtet, Brangäne könnte sich in Marke verliebt haben und die Macht, die das Wissen um Isoldes Verfehlung ihr verleiht, gegen sie einsetzen. Brangäne könnte Isoldes Verbannung, ja ihren Tod bewirken und, da sie im Rang nur wenig unter Isolde steht, selbst den Platz an Markes Seite einnehmen. Isoldes Zweifel und Ängste gehen so weit, daß sie einen Mordanschlag auf Brangäne plant, die aber verrät selbst angesichts des Todes das Geheimnis nicht.

Alle Elemente des Brauttausch-Motivs im Tristan kehren auch hier im Märchen wieder: die »Liebestropfen« der Mutter, die wohlverwahrt werden sollen und schuldhaft verlorengehen, die wachsende Angst, der Tausch der Gewänder und der Rollen, der Schweigeeid und die Todesdrohung – nur wird hier der Zweck des Rollentauschs, das Verbergen der Entjungferung, nicht mehr deutlich. Alle Elemente stehen hier unter anderen Vorzeichen, das Motiv erscheint gleichsam spiegelverkehrt.

Man könnte annehmen, daß sich das Motiv im Lauf einer langen Überlieferungsgeschichte allmählich verzerrt hat; doch an dieser Verzerrung ist etwas abzulesen. Es spiegelt sich darin der allmähliche Verfall einer eigenständigen weiblichen Kultur, der im Mittelalter längst eingesetzt hatte. Im »Tristan« kommt der Brauttausch durch Loyalität zustande, im Märchen durch eifersüchtige Konkurrenz. Brangäne und Isolde sind Frauen, die in ihren Lebensentscheidungen bereits nicht mehr frei sind; doch sie setzen sich gemeinsam gegen die Machtstrukturen der Feudalgesellschaft zur Wehr. Auch in der Berta-Sage geht die Bedrohung von Rittern oder vom Hofmeister, von der herrschenden männlichen Macht aus. Im Märchen tragen die Frauen ihre Aggressionen untereinander aus. Die Kammerfrau rebelliert gegen die dienende Rolle, indem sie den patriarchalen Machtanspruch selbst übernimmt.

Die dem 19. Jahrhundert eigene Prüderie und Körperfeindlichkeit hat sicherlich zur Verzerrung des Motivs beigetragen. Die sexuelle Komponente wird nicht mehr erwähnt. Die Sprache des Märchens gibt nur einen verhüllten Hinweis darauf. Es heißt, die Königstochter sei machtlos und schwach geworden. »Schwach werden« bedeutet im übertragenen Sinn, einer sexuellen Verführung keinen Widerstand mehr entgegensetzen. In der Sprache der Bibel wird »schwächen« synonym mit »entjungfern« gebraucht. Im Märchen bleibt nur die verborgene Schande übrig, die sich in dem Zwang ausdrückt, über das Geschehene zu schweigen. Im 19. Jahrhundert und bis in die ersten Jahrzehnte unseres Jahrhunderts hinein galt

Sexualität als etwas Schmutziges und der Verlust der Jungfräulichkeit vor der Ehe als eine Schande; ein »Fehltritt« vor der Ehe oder ein entdeckter »Seitensprung« konnte die soziale Existenz einer Frau vernichten. Die Entdeckung kam einer Erniedrigung gleich und zog einen sozialen Abstieg nach sich.

In dieser Hinsicht haben sich die Verhältnisse grundlegend gewandelt; und doch tragen wir Frauen, viele von uns zumindest, das psychische Erbe dieser Zeit in uns. In vielen Frauen lösen die »freien« sexuellen Beziehungen, die sie eingehen, Schuld- und Schamgefühle aus, deren Ursachen ihnen nicht mehr klar bewußt sind, die aber doch dazu führen, daß sie sich als schwach, minderwertig und erpreßbar erleben.

Diese Deutung gleicht einer kriminalistischen Spurensicherung, die zwar viele Indizien angehäuft, das Verbrechen aber nicht völlig aufgeklärt hat. Das Märchen läßt alles offen – und läßt dadurch auch viele Deutungen zu. Die allmähliche Verunsicherung der Königstochter, die sich zur lähmenden Angst auswächst, bedarf nicht unbedingt einer kulturhistorischen Erklärung. Wachsende Angst, die allmählich zur Handlungsunfähigkeit führt, ist die Erfahrung vieler junger Frauen zu Beginn ihrer Lebensreise, zumal, wenn ein negativer Mutteraspekt mitreist. »Auf Falada gehör' ich, und auf meinen Gaul gehörst du«; darin liegt eine ungeheure Demütigung.

Der Königstochter werden ihre schönen Kleider und ihr Reittier, das heißt ihr bisheriges Selbstbild und die Möglichkeit der Selbstdarstellung, genommen. Das muß sie sich gefallen lassen. Kinder müssen sich vieles gefallen lassen, zum Beispiel die passiven Aggressionen von Müttern, die ihre eigenen Machtbedürfnisse in eine wütende Demuts- und Ohnmachtshaltung umgewandelt haben. Eine Mutter, die sich wie eine Dienerin verhält, sich insgeheim aber mit dem dominierenden männlichen Bewußtsein identifiziert und subversiv gegen ihre Rolle rebelliert, demonstriert dem Mädchen ihre Macht, vermittelt ihm aber gleichzeitig, daß es aufgrund seines Geschlechts eigentlich nichts wert sei. Später wirkt der negative Mutteraspekt in der Frau selbst als »innere Feindin«, die ihr den Weg zu einem souveränen Umgang mit dem Leben nicht freigeben will.

In dem Märchen »Die weiße und die schwarze Braut« sind eine böse Stiefmutter und deren häßliche, schwarze Tochter die Feindinnen der Heldin. Sie reisen miteinander in einer Kutsche. Dem Wagenlenker, dem Bruder und Beschützer der »weißen Braut«, hat die böse Alte mit ihren Hexenkünsten die Augen getrübt und dem Mädchen selbst die Ohren verstopft, so daß es halb taub ist. Die Alte verfälscht dann die fürsorglichen Zurufe des Bruders und gibt vor, es sei sein Wunsch, daß die Heldin mit der häßlichen Stiefschwester die Kleider tausche. Auch diese Braut ist den Listen und Intrigen der Feindin wehrlos ausgeliefert. Widerspruchslos legt sie die grauen Kleider der Magd an und wird schließlich aus der Kutsche gestoßen. Die weiße Braut ist blind und taub für das, was mit ihr und um sie herum geschieht, und überläßt sich passiv den destruktiven Einflüssen, die auf sie einwirken. Die Königstochter steht unter Schock, wehrlos läßt sie alles über sich ergehen.

In zahlreichen anderen Märchen steht der hellen und guten eine dunkle, böse Frau gegenüber, eine Feindin, die in einem günstigen Augenblick zum Angriff übergeht. Die helle und die dunkle Frau sind trotz ihrer Gegensätzlichkeit eng miteinander verbunden. Was die eine nicht hat, darüber verfügt die andere. Wo die eine ängstlich und passiv ist, ist die andere selbstsicher und aktiv, wo die eine blind und taub ist, ist die andere wachsam und lauernd, wo die Weiße gutgläubig und naiv ist, ist die Schwarze berechnend und intrigant. Die Schwarze ist der Schatten, den das Licht der Weißen wirft. Sie sind keine Gegensätze, sondern Pole einer Ganzheit, bewußte und unbewußte Anteile derselben Persönlichkeit. In Mythen, Märchen und Träumen tritt der Schatten im allgemeinen in der Gestalt des eigenen Geschlechts auf, und meistens ist sein Auftreten ein gefährlicher Schock, ein Angriff auf das Selbstbild, das nachhaltig erschüttert wird. Die Begegnung mit dem Schatten ist ein notwendiger Schritt auf dem Weg zum Erwachsenwerden; der Schatten enthält oft Kräfte, die dem Ich nicht zur Verfügung stehen, aber in so roher und fremder Gestalt, daß sie nicht gleich ins Bewußtsein integriert werden können.[13]

Die Heldin steht im Spannungsfeld zwischen Verunsicherung und Selbstbehauptung. Mit dem Verlieren der Blutstropfen hat sie das Gebot der Mutter übertreten. Damit hat sie einen wichtigen Schritt der »Abnabelung« vollzogen, aber auch an Bereiche gerührt, die gesellschaftlich tabuiert und ihrem bisherigen Selbstbild fremd sind: Sexualität und Aggression. Sie ist anders als die Mutter, anders, als sie selbst gedacht hat; mit ihrem Emanzipationsschritt fällt sie auch aus der stützenden Identifikation mit der Mutter heraus – und stürzt ab auf ein niedrigeres Niveau, in die Magdrolle, in beschränkendes Schweigen, in die Depression. Der Lähmungszustand, in dem sich die Königstochter und die weiße Braut befinden, erinnert an die apathische Handlungsunfähigkeit depressiver Verstimmungszustände.

Der Heldin ist ein naives Selbstvertrauen, das noch aus der Symbiose mit der Mutter stammt, einfach davongeschwommen. Doch um den Anforderungen und Schwierigkeiten ihres Lebens gerecht zu werden, muß sie neue Kräfte mobilisieren. Dabei setzt sie ein unbewußtes Potential frei, das sie nicht als ihr eigenes erkennt. Vielleicht ahmt sie nach außen männlich-aggressives Verhalten einfach nach, legt sich eine Schutzfassade, eine harte Schale zu, fühlt sich innerlich aber als hilfloses Opfer, unfähig, die Probleme, mit denen sie konfrontiert ist, allein durchzustehen. An den Veränderungen, die in ihrem Leben vor sich gehen, erkennt sie die eigene Beteiligung nicht; sie erscheinen vielmehr als von außen auferlegte Demütigungen und Ungerechtigkeiten, gegen die sie sich nicht zur Wehr setzen kann.

Der Aufstieg

Die Kammerfrau stieg nun auf Falada und die wahre Braut auf das schlechte Roß, und so zogen sie weiter, bis sie endlich in dem königlichen Schloß eintrafen. Da war große Freude über ihre Ankunft, und der Königssohn sprang ihnen entgegen, hob die Kammerfrau vom Pferde und meinte, sie wäre seine Gemahlin: sie ward die Treppe hinaufgeführt, die wahre Königstochter aber mußte unten stehenbleiben.

Die Kammerfrau ist zur Handelnden geworden; sie verfügt über die nötige Durchsetzungsfähigkeit, sie übernimmt die Vertretung nach außen und bestimmt den weiteren Verlauf der Dinge. Sie hat sich erfolgreich von der dienenden Rolle befreit; nun wird sie die Treppe hinaufgeleitet und darf an der Tafel der Herrschenden Platz nehmen. Ihr Aufstieg erscheint mühelos, kein Hindernis stellt sich ihr entgegen. Die verwandten Märchen stellen die Feindin als schwarz, häßlich und mißgestaltet dar; besondere magische Vorkehrungen müssen getroffen werden, damit die angemaßte Rolle nicht sofort durchschaut, der Betrug nicht gleich entdeckt wird. Die Kammerfrau ist eine subtilere Feindin. Die Gewänder der Königstochter scheinen ihr gut zu stehen, sie wirkt in ihrer neuen Rolle durchaus glaubwürdig.

Für das magische Denken haftet den persönlichen Gegenständen, vor allem den Gewändern, etwas vom »Mana«, von der persönlichen Macht und Ausstrahlung des Eigentümers, an. Wenn ein anderer die Gewänder anlegt, wirkt dieses Mana auf ihn ein; ein Teil der Ausstrahlung geht auf ihn über. Thor und Loki kommen bei ihrer Suche nach der verlorenen Götterwaffe nicht ohne die Magie der Gewänder Freyas aus, die Flugkraft ihres Federhemdes und die erotische Ausstrahlung ihrer Brautkleider.[14]

Die Kammerfrau hat ihren Aufstieg strategisch geplant und in männlich-aggressiver Weise, mit den Mitteln des Raubs, der Gewalt und der Unterdrükkung, in die Tat umgesetzt. Bei Hofe fallen jedoch keine Unstimmigkeiten auf, denn sie hat für ihre Machtmittel die richtige Verhüllung gewählt.

Die Überzeugungskraft der königlichen Gewänder hat aber auch noch eine historische Komponente. Im Mittelalter existierte eine höfische Kleiderordnung, die bis in Einzelheiten hinein festlegte, welche Stoffe, Pelze, Farben, Zuschnitte und welches schmückende Beiwerk Angehörige der jeweiligen Stände tragen sollten und tragen durften. Kostbare Steine und Pelze, edle Materialien und leuchtende Farben blieben dem Adel und der hohen Geistlichkeit, später allenfalls reichen Freisassen vorbehalten. Abgesehen davon, daß sich die niederen Stände solche Kostbarkeiten nicht leisten konnten, war jedes Abweichen von der ständischen Kleiderordnung unter strenge Strafen gestellt. Die Kleidung war das untrügliche Erkennungsmerkmal für die jeweilige Stellung innerhalb der sozialen Hierarchie.[15]

Das erklärt, warum selbst der Königssohn nicht den leisesten Zweifel daran hegt, daß die Fremde, die er vom Pferd hebt, die ihm vorbestimmte Gemahlin ist. Das Motiv der vertauschten Braut konnte in dieser Form nur in einer Feudalgesellschaft entstehen, für die es selbstverständlich ist, daß sich die zukünftigen Ehepartner nicht kennen. Ehen waren in erster Linie Wirtschaftsgemeinschaften, Bündnisse zweier Familien im Interesse des Standes, der Zunft, des Besitzes, der Erbregelung. Die Eltern der künftigen Partner arrangierten die Ehen und setzten die Heiratsverträge auf, in Adelskreisen nicht selten, wenn die »Brautleute« noch Kinder waren. Auf der Ebene der Fürsten- und Königshöfe waren Heiratsarrangements ein wesentlicher Bestandteil politischer, ökonomischer und militärischer Bündnisse.

Ein Prinz des Mittelalters oder des 18. Jahrhunderts wäre seiner Braut vermutlich nicht spontan und freudig erregt entgegengesprungen; ihre erste Begegnung hätte sich im Rahmen eines höfischen Zeremoniells abgespielt. Ehe und Liebe gehörten noch nicht zusammen. Die Dynamik der großen Liebesdichtungen des höfischen Mittelalters lebt geradezu davon, daß die Beziehungen von Paaren wie Tristan und Isolde, Lancelot und Guinevra außerehelich sind. Das Hauptthema dieser Dichtungen ist der tragische Konflikt zwischen der Treue- und Gehorsamsverpflichtung beider Partner dem König und Feudalherrn gegenüber und der leidenschaftlichen Liebe, welche die Gesetze der höfischen Welt durchbricht und zu Verrat und schuldhaften Verstrickungen führt. Erst im 19. Jahrhundert, mit dem zunehmenden Einfluß des Bürgertums, mit der Auflösung der Standesschranken und mit der durch die moderne Berufsarbeit gegebenen Unabhängigkeit von Sippe, Stand und Zunft konnte die Idee einer Heirat aus Liebe möglich werden.

Das Märchen wurde zu Beginn des 19. Jahrhunderts fixiert – im Verhalten des Königssohns zeigen sich modernere, romantische Züge. Er wirkt eher wie ein Mann, der auf »die Frau seines Lebens« wartet; er kennt sie nicht, weiß aber, daß sie ihm bestimmt ist und eines Tages vor ihm stehen wird. Von dieser Frau hat er ein Idealbild, das allerdings sehr undifferenziert und von den Normen und Werten seiner Umgebung geprägt ist. Vermutlich hat er sich den Augenblick der Begegnung mit der ihm Bestimmten unzählige Male vorgestellt. Jetzt, da endlich die Frau vor ihm steht, die in ihrer äußeren Erscheinung und in ihrem Auftreten seinen Erwartungen so vollkommen entspricht, fällt es ihm nicht ein, näher hinzuschauen und die Erfüllung seines Traums hinauszuzögern oder zu gefährden. Unbekümmert überträgt er die Eigenschaften seiner Traumfrau auf die Fremde und hebt sie auf den Thron.

Das romantische Ehe- und Liebesideal wirkt in den meisten von uns bis heute nach. Es erfüllt uns mit wundervollen Bildern einer großen, alles umschließenden Leidenschaft, eines vorbestimmten Partners, der all unseren Sehnsüchten und Hoffnungen gerecht wird; Bildern, die uns beflügeln, wenn wir verliebt sind, und die ein großes schöpferisches Potential in sich tragen – aber auch eine Gefahr. Das Ideal kann sich verselbständigen, zur übermächtigen Projektion werden, uns für die tatsächlichen Eigenschaften des anderen blind machen und uns daran hindern, ihn in seiner Lebenswirklichkeit zu erkennen und anzunehmen.

Doch kehren wir zu der Kammerfrau zurück, die ihr Ziel erreicht hat. Sie hat einen gesellschaftlichen Standort gefunden, der ihr ein relativ hohes Maß an Unabhängigkeit und Selbstbestimmung garantiert, und einen ebenbürtigen Partner, der sie zu verehren und zu respektieren scheint.

Wenn wir Königstochter und Kammerfrau als eine Person sehen, ergibt sich ein sehr zeitgemäßes Bild: Die Kammerfrau ist mit einem klaren Auftrag abgereist; sie sollte dafür sorgen, daß die mütterlichen Zukunftsvorstellungen für das Leben der Tochter eingelöst werden. Sie hat gegen die alte Königin, die Mutter, rebelliert und alles anders gemacht, als diese wollte. Sie hat ihr Leben selbst in die Hand genommen – und hat den mütterlichen Auftrag dennoch erfüllt, nur unter umgekehrten Vorzeichen. Im Leben der Mutter nahm die fügsame Weiblichkeit den herrschenden Platz ein – in ihrem Leben ist es die aggressive Selbstbehauptung. Die Mutter hat ihre Machtbedürfnisse unterdrückt – sie unterdrückt ihre Weiblichkeit.

Wenn es einer Frau gelingt, Abhängigkeit und Unselbständigkeit zu überwinden und sich im Leben zu behaupten, sei es auch durch Geheimhaltung ihrer wahren Motive und durch Anpassung an die Spielregeln der Männergesellschaft, dann ist damit schon ein wesentlicher Schritt getan. Doch der Preis für diesen Erfolg ist ein Leben im Zustand der Selbstentfremdung. Die Kammerfrau kann ihren Platz auf dem Thron nur halten, indem sie etwas zu sein vorgibt, was sie nicht ist. Unten im Hof steht die Königstochter, ihre abgespaltene Weiblichkeit, der Teil ihrer selbst, der sich hilflos, wertlos und ohnmächtig fühlt, der grau und unscheinbar geworden ist und der dennoch, durch sein bloßes trauriges Vorhandensein, ihren Thron ins Wanken bringt.

Der Abstieg

Da schaute der alte König am Fenster und sah sie im Hof halten und sah, wie sie fein war, zart und gar schön: ging alsbald hin ins königliche Gemach und fragte die Braut nach der, die sie bei sich hätte und da unten im Hofe stände, und wer sie wäre? „Die hab ich mir unterwegs mitgenommen zur Gesellschaft; gebt der Magd was zu arbeiten, daß sie nicht müßig steht.“ Aber der alte König hatte keine Arbeit für sie und wußte nichts, als daß er sagte: „Da hab ich so einen kleinen Jungen, der hütet die Gänse, dem mag sie helfen.“ Der Junge hieß Kürdchen (Konrädchen), dem mußte die wahre Braut helfen Gänse hüten.

Auf dem Weg zu einem geplanten Ziel sind alle Kräfte und die gesamte Aufmerksamkeit in Anspruch genommen. Nun ist das Ziel erreicht, die Plätze sind verteilt, alles geht seinen geregelten Gang. Eine ruhigere Phase, eine Atempause tritt ein. Gerade dann werden viele Menschen von einer quälenden Unruhe befallen. Plötzlich werden Stimmen laut, die vorher keine Gelegenheit hatten, sich zu äußern. Nach außen ist nichts Auffälliges zu erkennen – und doch stimmt etwas nicht. Erfolgreiche und selbstbewußt auftretende Frauen beginnen an sich zu zweifeln, sind deprimiert und insgeheim zutiefst von ihrer Unfähigkeit und ihrem Unvermögen überzeugt. Die Rolle, die sie nach außen spielen, erscheint ihnen wie ein Wechselbalg, eine aufgezwungene Maske, unter der sie leiden und die wenig oder nichts mit dem zu tun hat, was sie wirklich sind. Andere Eigenschaften und Fähigkeiten, Wünsche und Sehnsüchte, die nicht gelebt werden können, weil sie schwach und minderwertig erscheinen, machen ihre »geheime Identität« aus.

Die zur Magd degradierte Königstochter ist ein Bild dieser geheimen Identität. Viele Frauen tragen eine solche Gestalt in sich, in bestimmten Lebensphasen, oft aber über lange Zeiträume immer wiederkehrend, ein Wesen, das tief verletzt und in seiner Würde gekränkt ist, das erbarmungslos unterdrückt und beiseite geschoben wurde. Von diesem traurigen Geschöpf, an dem die Ereignisse vorbeigegangen sind und das übersehen und vernachlässigt wurde, geht eine saugende Kraft aus, die das Bewußtsein beunruhigt.

Im Märchen kommt an dieser Stelle eine neue Gestalt ins Spiel: der alte König. Er steht oben am Fenster und betrachtet die Ereignisse aus der Distanz, von einer höheren Warte aus. Er nimmt die von allen übersehene Begleiterin der neuen Königin wahr und entdeckt Züge an ihr, die zu ihrer Magdrolle nicht passen. Über diese Unstimmigkeiten will er sich Klarheit verschaffen; er spricht die falsche Braut auf ihre Begleiterin an. Doch der Frau auf dem Thron sind seine Fragen lästig, sie speist ihn mit einer raschen Erklärung ab: »Ja, diese Seite kenne ich an mir, aber jetzt will ich nichts mehr damit zu tun haben, denn sie bedeutet Schwäche und Hilflosigkeit. Am liebsten wäre mir, wenn sie ganz aus meinem Gesichtskreis verschwände.« Die Kammerfrau überläßt es dem alten König, eine geeignete Beschäftigung für die »Magd« zu finden.

Im Märchen erfüllt der alte König eine doppelte Funktion: Einerseits repräsentiert er das herrschende Prinzip und fällt seine Entscheidungen in diesem Sinn, andererseits erscheint er hier als ein überlegener Beobachter und als ein gütiger Weiser, der seine eigenen Pläne verfolgt. Er trägt die überpersönlichen Züge einer archetypischen Gestalt, eines Beschützers und Helfers der Seele, den Jung als den Archetypus des Sinns oder des alten Weisen bezeichnet hat.

Die Königstochter hat seine Aufmerksamkeit erregt, und es scheint, als könnte sie ihn zum Verbündeten gewinnen. Doch seine Fragen lösen zunächst eine Wende zum Schlimmeren aus. Die Prinzessin kommt vom Regen in die Traufe. Von dem ihr zugedachten Platz wurde sie verdrängt, doch bisher war sie noch in einer Warteposition; irgend jemand müßte sie doch da unten im Hof entdecken, sich ihrer annehmen und dafür sorgen, daß ihre verlorene Würde wiederhergestellt wird. Diese Hoffnung muß sie nun endgültig begraben. Als Gänsemagd, als Helferin des Hütejungen, nimmt sie in der Hierarchie des Hofes den allerletzten Platz ein. Die »Gänseliese« ist eine beschränkte Person, die zu nichts anderem zu gebrauchen ist, als sich um das Kleinvieh, den Kleinkram zu kümmern, selbst eine »dumme Gans«.

Im Leben der Heldin sind die Kräfte aus dem Gleichgewicht geraten. Kammerfrau und Königstochter entfremden sich einander immer mehr. Durch das Eingreifen des alten Königs kommt es zwischen den polaren Kräften, der hellen und der dunklen Seite, dem Ich und dem Schatten, erneut zu einer Konfrontation, diesmal über einen Vermittler, eine durch wachsende Lebenserfahrung gewonnene Klarheit und Urteilsfähigkeit, und auf einer anderen Ebene. Die erste Begegnung, die zum Tausch der Rollen und der Gewänder führte, war ein Schock. Sie löste in der Königstochter, dem jungen und undifferenzierten Ich, lähmendes Entsetzen und sprachlose Beschämung aus. Bei der zweiten, distanzierteren Begegnung werden immerhin schon kritische Fragen gestellt: »Wer bin ich wirklich?« Aber das Ergebnis ist geradezu niederschmetternd. Nun gibt es nur noch falsche Positionen, das gesamte Lebensgefüge erscheint wie ein einziger großer Irrtum. Der obere »offizielle« Platz ist von einer Hochstaplerin besetzt; auf der »unteren«, der Gefühlsseite, steht eine »dumme Gans«. Von einer Königin kann überhaupt keine Rede sein. Es gibt nur zwei Mägde – und jede ist eine Fälschung.

Faladas Kopf

Bald aber sprach die falsche Braut zu dem jungen König: „Liebster Gemahl, ich bitte Euch, tut mir einen Gefallen.“ Er antwortete: „Das will ich gerne tun.“ – „Nun, so laßt den Schinder rufen und da dem Pferde, worauf ich hergeritten bin, den Hals abhauen, weil es mich unterwegs geärgert hat.“ Eigentlich aber fürchtete sie, daß das Pferd sprechen möchte, wie sie mit der Königstochter umgegangen war. Nun war das so weit geraten, daß es geschehen und der treue Falada sterben sollte; da kam es auch der rechten Königstochter zu Ohr, und sie versprach dem Schinder heimlich ein Stück Geld, das sie ihm bezahlen wollte, wenn er ihr einen kleinen Dienst erwiese. In der Stadt war ein großes finsteres Tor, wo sie abends und morgens mit den Gänsen durch mußte; unter das finstere Tor möchte er dem Falada seinen Kopf hinnageln, daß sie ihn doch noch mehr als einmal sehen könnte. Also versprach das der Schindersknecht zu tun, hieb den Kopf ab und nagelte ihn unter das finstere Tor fest.
Des Morgens früh, da sie und Kürdchen unterm Tor hinaustrieben, sprach sie im Vorbeigehen:

„O du Falada, da du hangest“,

da antwortete der Kopf:

> *„O du Jungfer Königin, da du gangest,*
> *Wenn das deine Mutter wüßte,*
> *Ihr Herz tät ihr zerspringen."*

Warum hat das Pferd zu allem, was geschehen ist, geschwiegen? Das Märchen erklärte doch ausdrücklich, daß es sprechen könne und daß es Zeuge aller Ereignisse auf der Reise geworden sei: »Falada sah das alles an und nahm's wohl in acht.« Warum beginnt es selbst jetzt, da es sterben soll, nicht endlich zu reden? Hier treffen wir auf etwas Widersprüchliches und Unverständliches im Märchen, das nicht leicht zu entschlüsseln ist.

Sprechende Pferde gibt es auch in anderen Märchen, vorwiegend als Begleiter männlicher Helden. »Ferenand getrü«[16] zum Beispiel hat einen Schimmel, das Geschenk eines geheimnisvollen Paten. »Ferenand ungetrü« ist sein Gegenspieler, der bei dem König, dem beide dienen, gegen ihn intrigiert. Der König stellt dem Helden Aufgaben, die unlösbar erscheinen, und bedroht ihn mit dem Tod, falls er sie nicht erfüllt. In dieser verzweifelten Lage beginnt das Pferd plötzlich zu sprechen. Es berät den Helden und begleitet ihn als treuer Helfer durch alle Abenteuer und Gefahren, bis er sein Ziel erreicht und selbst König wird.

Auch in dem Indianermärchen »Das braune Pferd«[17] tritt das Tier als treuer Helfer und weiser Berater eines armen Indianerjungen auf, der von den Mitgliedern seines Stammes verachtet und verspottet wird. Auch hier beginnt das Pferd zu sprechen, als der Held den tiefsten Punkt seines Unglücks erreicht hat. Durch den Rat und die Zauberkraft des braunen Pferdes wird er zum erfolgreichsten Jäger, zum stärksten Kämpfer und schließlich zum Häuptling. Das Pferd begleitet ihn sein Leben lang auf Schritt und Tritt und stirbt mit ihm, als er stirbt.

Die Königstochter ist von einer Notlage in die andere gekommen, aber Falada spricht nicht zu ihr. Wie eingangs erwähnt, ist Falada oder Folle, die Stute, ein altes Symbol kraftvoller Weiblichkeit, ein Geschenk der Epona, der Leukippe oder der Rhiannon, der großen alten Königin, der Mutter-Göttin. Alles, was im Reich der alten Königin, die ja auch für eine versunkene Macht des Weiblichen steht, als schön und wertvoll, als stark und wirksam erschien, erleidet im Lauf der Reise eine Niederlage. Die Blutstropfen sind ins Wasser gefallen und davongeschwommen, die Erbprinzessin mußte in ein fremdes Reich abreisen, wo sie zur Gänsemagd degradiert wurde, das magische Helfertier hat die Sprache verloren. Die Kammerfrau, die Abgesandte der Mutter, die ihrer Vertrauenswürdigkeit wegen ausgewählt wurde, um die Königstochter zu begleiten und zu beschützen, hat sich illoyal verhalten und ist zur Verräterin geworden. Aber selbst sie, die Verräterin, hat mit ihrer Rebellion nicht alles erreicht. Ihr angemaßter Platz auf dem Thron ist ständig bedroht, sie steht auf verlorenem Posten. Bis hierher ist das Märchen ein einziger Alptraum, eine Geschichte der Kränkung und des Niedergangs, ein Abgesang auf die Macht des Weiblichen.

Falada ist die letzte lebende Verbindung der Königstochter zu ihrer Mutter, zu ihrem Ursprung; und auch diese letzte Verbindung soll nun endgültig zerrissen werden. Bislang schien es aber, als hätte die Königstochter das Pferd gar nicht recht wahrgenommen und seine Bedeutung nicht erkannt. Erst jetzt, als es bedroht ist, wird sie aufmerksam, und mehr noch – sie, die bisher ihr Schicksal passiv erlitten hat, wird nun zum ersten Mal aktiv. Bisher hat sie sich den Machtansprüchen und den Anordnungen der Kammerfrau widerspruchslos gefügt, nun begehrt sie dagegen auf und unternimmt den Versuch, das zu retten, was jene töten will.

Für die meisten Menschen verbindet sich mit dem Pferd die Vorstellung von Kraft, Ausdauer und Schnelligkeit, von Lebendigkeit und feurigem Temperament. Als domestiziertes Tier ist es dem Menschen nahe, es gilt als treuer Freund und zuverlässiger Begleiter. Und doch kann das Wilde in ihm hervorbrechen. Wenn ein Pferd durchgeht, kümmert es sich nicht mehr um Zaum und Zügel; der Reiter gerät in Gefahr, abgeworfen zu werden, die Kontrolle über sein Tier zu verlieren. Als Symbol repräsentiert das Pferd die wertvollen und lebenswichtigen, aber auch unberechenbaren Triebkräfte und Instinkte, die »wilde Seele« des Menschen.

Diese Symbolik liegt im Sprachgebrauch offen zutage, wo es um Triebe und Leidenschaften geht. Wenn jemand im Zorn oder im Rausch die Beherrschung verliert, gegen Konventionen verstößt und sich »wild« aufführt, heißt es, ihm seien »die Pferde durchgegangen« oder sein Temperament sei mit ihm

»durchgegangen«. Werden solche gelegentlichen Durchbrüche zur Gewohnheit, spricht man von »Zügellosigkeit«. Wenn die »wilde Seele« sich äußert, sind die Folgen nicht immer absehbar, das Wilde kann als schäumende Wut, als ungehemmte sexuelle Begierde, als ekstatische Begeisterung, als Blutrausch und Mordlust in Erscheinung treten.

Dem magischen Denken sind die Kräfte und die Gefahren der wilden Seele noch ganz vertraut. In den Mythen der Naturvölker verwandeln sich Menschen in Tiere und Tiere in Menschen; die Geister und Dämonen der Erde sind allgegenwärtig und leben mit den Menschen in enger Gemeinschaft. Sie sind ebenso hilfreich wie gefährlich, und man nähert sich ihnen nur mit magischen Schutzvorkehrungen. Die allmähliche Abschwächung des Wilden und die damit verbundene Triebkontrolle ist ein wesentlicher Bestandteil des Kultur- und Zivilisationsprozesses. Die moderne Gesellschaft hat das Wilde nicht nur domestiziert, sondern auch weitgehend verleugnet. Ein ganzes System von sozialen Regeln, von Erziehung und Gesetzgebung wirken zusammen, um den Durchbruch des Wilden zu verhindern.

Die Kammerfrau, die befürchtet, daß das Pferd mit dem, was es zu sagen hat, ihre soziale Stellung gefährdet, hält sich ganz an die Regeln des Hofes, das heißt des herrschenden Bewußtseins. In ihrer Befürchtung, das Pferd könnte offenbaren, wie sie mit der Königstochter, mit ihrer Weiblichkeit umgegangen ist, zeigt sich die warnende Stimme der Instinkte, deren Wirken sich dem Bewußtsein entzieht, die sich aber gegen »verkehrte Zustände« im Leben wehren und ein Gefühl des Bedrohtseins hervorrufen. Aber sie unterdrückt und verdrängt das warnende Gefühl. Sie will, daß dem Pferd der Hals abgehauen wird; die unbequemen, bedrohlichen und lästigen Stimmungen, über die sie sich ärgert, sollen aus der Welt geschafft werden.

Sie delegiert die Tötung des Pferdes an ihren Gemahl, den jungen König, der auch gern bereit ist, ihr den Gefallen zu tun. Er tötet das Pferd aber nicht selbst, sondern gibt die Aufgabe erwartungsgemäß an den Schinder weiter. Schinder, das heißt Abdecker oder Pferdeschlächter, war in früheren Jahrhunderten ein verachteter und übelbeleumdeter Beruf am unteren Ende der sozialen Stufenleiter; mit ihm verbindet sich die Vorstellung von Roheit und Gewalt, von stinkenden Kadavern, Blut und Schmutz. Im übertragenen Sinn ist ein Schinder ein grober, brutaler Mensch, der andere ausbeutet und sie menschenunwürdig behandelt.

So, wie die Tötung Faladas delegiert wird, wird nach den Regeln des herrschenden Bewußtseins der unmittelbare Kontakt mit den rohen, gefährlichen und destruktiven Formen des »Wilden im Menschen« delegiert, die soziale Stufenleiter hinunter, an die Prostituierten, an die Säufer und Drogensüchtigen und an die Kriminellen, die das »Wilde« stellvertretend für die ganze Gesellschaft ausleben und erleiden.

Die Königstochter sieht eine andere Gefahr als die Kammerfrau. Sie fürchtet nicht die Lebendigkeit, sondern den Tod des Pferdes, sie fürchtet nicht sein Reden, sondern sein endgültiges Verstummen. Durch den falschen Umgang mit ihren Energien ist die Vitalität der Heldin bedroht; die Stimme des »richtigen Instinkts«, auf den zu hören sich lohnt, droht in ihr zu erlöschen. Aber im Augenblick der Bedrohung gelingt es ihr doch, sich einen Teil des Wilden, den wichtigsten Teil, seinen Kopf, zu bewahren – und mehr noch, ihn zu neuem Leben zu erwecken und ihn zum Sprechen zu bringen. Sie ist jetzt bereit, der Stimme ihrer Sinne zu lauschen; sie bewahrt sich den Geist und die Artikulationsfähigkeit ihrer wilden Seele, ihre Sensibilität, ihr Gefühl für die Dinge, ihre Intuition, den Ursprung ihrer Kreativität. Um das zu erreichen, muß sie sich aber mit dem gesamten Kräftekomplex des Wilden konfrontieren, sich auch dem gesellschaftlichen Tabuieren mutig und ohne Scheu nähern. Sie muß mit dem Schinder zu einer Einigung kommen und ihm einen Preis zahlen, um den Kopf des Pferdes »auszulösen«.

Auch jetzt gibt Faladas Kopf ihr keine guten Ratschläge, wie sie sich aus ihrer Notlage befreien könne, sondern erinnert sie nur immer wieder an ihre Mutter, an ihren Ursprung, an ihre Weiblichkeit.

Doch damit ist das Rätsel um das Schweigen des lebenden Pferdes und das Sprechen des abgetrennten Kopfes noch nicht gelöst. Von dem Bild des Pferdekopfes im dunklen Torweg, von der traurigen Zwiesprache der Gänsemagd mit dem Kopf geht etwas Düsteres und Unheimliches aus.

Erich Fromm sagt: »Wenn ein in einem Mythos oder einem Traum auftauchendes Element einer viel früheren Entwicklungsphase angehört und nicht zu dem bewußten Bezugssystem zur Zeit der endgültigen Formulierung des Mythos gehört, dann hat es oft etwas Schreckliches und Furchterregendes an sich. Da es an etwas Verborgenes rührt, das tabu ist, erfaßt den bewußten Verstand eine besondere Art von Angst – die Furcht vor dem Unbekannten und Geheimnisvollen.«[18] Das trifft auch auf das Märchen zu. Der im Torweg aufgehängte Pferdekopf ist ein solches Element, ein »fossiler Rest«, der im erzählerischen Zusammenhang des Märchens fremd, unheimlich und unverständlich erscheint.

Die Herkunft des Namens Falada ist nicht geklärt. Möglicherweise geht er auf ähnlich klingende Namen von Götter- und Heldenpferden aus unserem Kulturkreis zurück. Falhofnir heißt eins der Asenpferde in den Götterliedern der älteren Edda. Die Brüder Grimm verweisen auf das Rolandslied; das Pferd des Helden Roland heißt Valentich oder Falerich. Vielleicht steht der Name auch im Zusammenhang mit dem mittelhochdeutschen Wort valand, das einen bösen Geist, einen unterweltlichen Dämon oder den Teufel bezeichnet. Vielleicht ist Falada aber auch einfach ein falbes Pferd. Die Wörter fahl und falb, von mittelhochdeutsch val, valwer, bedeuten ursprünglich das gleiche: von heller Farbe, bleich, welk. Fahl, falb, und auch das altertümliche Wort falch, das ein Pferd mit bleicher Haut bezeichnet, gehen auf das germanische Wort falha zurück, das dem Pferdenamen doch sehr ähnlich klingt.[19] Fahl ist in einem Gedicht Walthers von der Vogelweide die abgestorbene Natur im Winter; fahl ist auch das Pferd des Vierten Apokalyptischen Reiters. »Ich sah, und siehe, ein fahles Pferd, und der darauf saß, des Name hieß Tod«, heißt es in der Offenbarung des Johannes (6,4). Für das höchste Ritual der sibirischen Schamanen, das Pferdeopfer, wird ebenfalls ein fahles Pferd, ein Pferd von heller Farbe ausgewählt.

Falada ist ein Totentier, ein mythischer Seelengeleiter, ein Symbol der Grenzüberschreitung. Es vollzieht den schwierigen Übergang vom Diesseits ins Jenseits, von der einen in die andere Wirklichkeit, von einer Bewußtseinsstufe auf die andere. Mit der Opferung Faladas wird im Märchen ein Initiationsgeschehen eingeleitet.

Die Übereinstimmung der Symbole im Märchen mit der Symbolik des schamanischen Pferdeopfers ist verblüffend. Der Schamane, der auch als Opferpriester fungiert, treibt im Ritual die wilde Seele des Pferdes, die immer wieder ausbrechen will, zu ihrem Bestimmungsort, dem Wohnsitz der höchsten Gottheit. Er vollzieht den Ritus der Beschwörung, auf einer »Vogelscheuche in Gänsegestalt« sitzend; dabei ahmt er die Flugbewegungen der Gans nach, schildert in einem Gesang, wie der Vogel durch die Himmelsschichten emporsteigt, und kündet den Teilnehmern des Rituals von den verborgenen Dingen, die er auf jeder Stufe sieht und erfährt. Während der Schamane in seiner Trance auf dem Seelenvogel dahinfliegt und die Pferdeseele verfolgt, ist das Opfertier in der Obhut eines von ihm, dem Schamanen, bestimmten Helfers, der den Titel »Person, die den Kopf hält« trägt. Während der Zeremonie fällt auch dieser Helfer in Trance, seine Seele verläßt den Körper, denn sie hat die Aufgabe, die Pferdeseele auf ihrer ganzen Wanderung zu begleiten.[20]

Der Sinn des Opferrituals ist nicht nur, die Gottheit gnädig zu stimmen und zu versöhnen. Alle Teilnehmer der Zeremonie werden in das Überschreiten der Bewußtseinsgrenzen einbezogen und treten in Verbindung mit der »anderen Wirklichkeit«.

Die Tiere, die im schamanischen Opferritual als Seelengeleiter fungieren, das Pferd und die Gans, und auch »die Person, die den Kopf hält« sind – in verhüllter Form – im Märchen wiederzuerkennen. Pferdekulte und Pferdeopfer sind in der Frühgeschichte vielerorts in Europa nachgewiesen: im vorhellenischen Griechenland, bei den Kelten, den Germanen und den alten skandinavischen Völkern. Pferdeköpfe, auf hohen Stangen befestigt, galten bei den beiden letzteren Gruppen als starker Schutzzauber gegen Feinde und gegen Seuchen.

Die Bedeutung des Kopfes steht im Zusammenhang mit archaischer Jagdmagie. Ein wesentlicher Bestandteil des »primitiven« Jagdzaubers ist der sorgfältige Umgang mit den Teilen des Tieres, die als Sitz seiner Seele gelten, den Knochen, den Hufen oder Pfoten, vor allem dem Kopf, der die »Essenz« des Tieres repräsentiert. Je nach Kultur unterschiedlich wird der Kopf an einem geheimen Ort verborgen oder vergraben – oder er wird an einem besonderen Ehrenplatz, einem Baum oder Pfosten, aufgehängt. Der Jäger bringt dem Kopf Gaben, Gebete und Gesänge dar und bittet die Tierseele, wiederzukehren und weiterhin für das Leben des Stammes zu sorgen. Das Bewahren des Kopfes ist die Voraussetzung dafür, daß die Seele nach ihrer Wanderung durch die anderen Welten sich wiederverkörpern kann.

Tieropfer wurden überall auf der Welt der frühgeschichtlichen Muttergöttin dargebracht. Auch hier vertritt der Kopf, der in ihrem Heiligtum niedergelegt oder an ihrem heiligen Baum aufgehängt wird, die »Essenz« des Tieres. Im Zusammenhang mit dem Kult der alten Erd- und Muttergöttin ist der Todes- und Unterweltcharakter des Pferdes besonders stark ausgeprägt.

Die Gänsemagd handelt wie die Priesterin eines archaischen Kults: Sie bewahrt den Kopf des geopferten Pferdes und verbirgt ihn an einem geheimen Ort, wo sie mit ihm in Zwiesprache tritt. Bei genauer Betrachtung hat sie also den magischen Schutz nicht verloren, sondern erst jetzt eine wirkungskräftige »Zaubermedizin« gewonnen, denn erst durch die Opferwandlung ist Falada vom Tier zum sprechenden »Pferdegeist«, zur Stimme der mythischen Ahnen, zur Verbindung mit der »anderen Wirklichkeit« geworden.

Gemeinsam mit der Gänsemagd und Falada, dem Totentier, tritt auch der Leser des Märchens eine Reise in die andere Wirklichkeit an, denn von hier an treffen wir auf eine Häufung von Symbolen, die einer so alten Schicht angehören, daß sie dem modernen Bewußtsein fremd geworden sind. So bestimmend diese Symbole für die Deutung des Märchens sind, so schwach schimmern sie durch seine Szenerie hindurch.

Übergangsriten und Einweihungszeremonien, deren Symbolik ein kollektives Auffangnetz für die Probleme der Reifung und für Grenzerfahrungen des Bewußtseins darstellt, gibt es in unserer Welt nicht mehr. In dem Maß, in dem sich das individuelle Bewußtsein aus der »Gruppenpsyche« herauslöste, in dem an die Stelle des »wilden Denkens« allmählich das »rationale Denken« trat, in dem die gesellschaftlichen Gruppen größer und ihre Interaktionen komplexer wurden, lösten sich die kollektiv verbindlichen Symbolsysteme auf. Zwischen dem Rationalen und dem Irrationalen verläuft eine feste Grenze. Mythen und Symbole, Orientierungshilfen und Wegweiser in der anderen, der seelischen Wirklichkeit wurden dem zivilisierten Menschen zunehmend unbegreiflich. Jeder steht mit seinen Reifungskrisen allein; es ist sehr schwer geworden, in schmerzhaften seelischen Erfahrungen einen Sinn zu erkennen. Die menschlichen Grunderfahrungen von Trennung, Einsamkeit, Trauer, Wachstum, Befreiung und Liebe haben sich nicht geändert; ihre Merkmale und Begleiterscheinungen werden heute statt durch Bilder wie Hexe, Helfertier, magische Verwandlung durch abstrakte Begriffe wie Introjekt, vitale Impulse, Projektion gekennzeichnet. Diese abstrakten Begriffe sind dem Verstand zugänglich, regen jedoch die Vorstellungskraft nicht an. Verstandesmäßige Einsicht in seelische Prozesse allein kann kein neues Handeln, keine neuen Verhaltensweisen einleiten. Das Wiedergewinnen der Bilder und Symbole im Traum, in der Phantasie und im Märchen kann eine Hilfe sein, in Krisen nicht nur eine Bedrohung zu sehen, sondern auch eine Möglichkeit zu Wachstum und Befreiung.

Gänsehüten

Da zog sie still weiter zur Stadt hinaus, und sie trieben die Gänse aufs Feld. Und wenn sie auf der Wiese angekommen war, saß sie nieder und machte ihre Haare auf, die waren eitel Gold, und Kürdchen sah sie und freute sich, wie sie glänzten, und wollte ihr ein paar ausraufen. Da sprach sie:

„Weh, weh, Windchen,
Nimm Kürdchen sein Hütchen,
Und lass'n sich mit jagen,
Bis ich mich geflochten und geschnatzt
Und wieder aufgesatzt."

Und da kam ein so starker Wind, daß er dem Kürdchen sein Hütchen wegwehte über alle Land, und es mußte ihm nachlaufen. Bis es wieder kam, war sie mit dem Kämmen und Aufsetzen fertig, und er konnte keine Haare kriegen. Da war Kürdchen bös und sprach nicht mit ihr; und so hüteten sie die Gänse, bis daß es Abend ward, dann gingen sie nach Haus.
Den andern Morgen, wie sie unter dem finstern Tor hinaustrieben, sprach die Jungfrau:

„O du Falada, da du hangest."

Falada antwortete:

„O du Jungfer Königin, da du gangest,
Wenn das deine Mutter wüßte,
Das Herz tät ihr zerspringen."

Und in dem Feld setzte sie sich wieder auf die Wiese und fing an, ihr Haar auszukämmen, und Kürdchen lief und wollte danach greifen, da sprach sie schnell:

„Weh, weh, Windchen,
Nimm Kürdchen sein Hütchen,
Und lass'n sich mit jagen,
Bis ich mich geflochten und geschnatzt
Und wieder aufgesatzt."

Da wehte der Wind und wehte ihm das Hütchen vom Kopf weit weg, daß Kürdchen nachlaufen mußte; und als er wieder kam, hatte sie längst ihr Haar zurecht, und es konnte keins davon erwischen; und so hüteten sie die Gänse, bis es Abend ward.

Die Erzählung wendet sich von den Ereignissen bei Hofe ab und folgt der Heldin in ihr Exil, auf die Gänsewiese. Es geht nun ganz um das innere Geschehen, um das Schicksal der »Gefühlsseite«, um die Vorgänge im Unbewußten.

Das Leitmotiv des Märchens, die Klage um das Verlorene oder das Unerreichbare, wird an dieser Stelle wieder aufgenommen und wiederholt sich nun ständig in dichtgedrängter Folge bis kurz vor dem Schluß. Auch alles andere wiederholt sich: Die Gänsemagd treibt die Gänse zur Stadt hinaus, sie klagt dem Pferdekopf ihr Leid, beruhigt sich wieder, kämmt und flicht ihr Haar, wehrt den neugierigen Hütejungen ab, treibt die Gänse wieder zurück in die Stadt . . . und so fort. Sie geht im Kreis wie ein Pferd, das eine primitive Mühle antreibt. So fühlt man sich, wenn man »ganz unten« ist, das ist das Bild der Depression. Nichts ändert sich, nichts wird sich je ändern, das Leben ist eine einzige Tretmühle, an die man ungerechterweise gekettet ist.

Wie schon zuvor erwähnt, kann man das Märchen als eine Geschichte der Kränkung lesen. Auch in den der »Gänsemagd« verwandten Märchen hüten die verdrängten Königinnen die Tiere, die Kinder, die Küche, das Haus. Die Königin in »Brüderchen und Schwesterchen« wird im Kindbett von der bösen Stiefschwester verdrängt und im Bad erstickt. Nachts erscheint sie in der Kinderstube, versorgt das Kind und das Reh (den verwandelten Bruder) und verschwindet wieder wie ein Schatten. Die Jungfrau Maleen, die von ihrem Vater in einen Turm gesperrt und so daran gehindert wurde, Königin zu werden, muß sich als Küchenmagd verdingen. Die von ihrem Vater verstoßene Königstochter in »Die Gänsehirtin am Brunnen« ist zu einer »bejahrten Trulle« geworden, »stark und groß, aber häßlich wie die Nacht«, die bei einer hexenhaften Alten die Gänse hütet. In dem Märchen »Die weiße und die schwarze Braut« wird die Heldin aus der Kutsche ins Wasser gestoßen und verwandelt sich gleich selbst in eine Ente. Sie alle sind abgestiegen in die Niedrigkeit, von Königinnen sind sie zu Mägden, Trullen, bleichen Gespenstern, watschelnden Enten und dummen Gänsen heruntergekommen; ein allgemeiner Niedergang, der im Aufstieg des

Patriarchats seine kulturhistorische Entsprechung hat. Mit den übergeordneten Formen des Hütens und Bewahrens, in denen sich die Terminologie des Weiblichen noch erhalten hat, mit dem Bewahren des Friedens, dem Hüten der Ordnung, dem Schutz und der Versorgung der Bevölkerung, dem Wachstum der Wirtschaft, dem Blühen und Gedeihen der Künste und Wissenschaften haben sie nicht mehr viel zu tun.

Die Abhängigkeit, in der Frauen jahrhundertelang gelebt haben, die Beschränkung auf die »niedrigen«, der familiären Reproduktion dienenden Arbeiten und die gesellschaftliche Verachtung dieses spezifischen Arbeitsvermögens hat den Mangel an Selbstwertgefühl bei Frauen fast notorisch werden lassen. Die Tradition des »Gänsehütens« und der Mangel an positiven weiblichen Vorbildern hat der inneren Selbständigkeit von Frauen schweren Schaden zugefügt. Vielen Frauen erscheint ihr Leben als ein Kreislauf trivialer Mühen, trivialer Zerstreuungen und demütigender Erfahrungen; sie sind verletzt, verzweifelt, unzufrieden und deprimiert und finden dennoch nicht den Mut und die Kraft, aus dem Kreislauf auszubrechen. Es ist erstaunlich, wie lange, wie geduldig, ja wie apathisch Frauen manchmal erniedrigende Situationen zu ertragen fähig sind.

»Wie kann sie nur so dumm sein«, sagen Außenstehende über eine Frau, die immer wieder auf einen Mann eingeht, der sie schlecht behandelt oder sie sogar schlägt und ausbeutet, über eine Frau, die zur Sklavin eines Alkoholsüchtigen, einer zerrütteten Familie geworden ist oder die ihre Begabungen und Fähigkeiten verkümmern läßt, um einem tyrannischen

Ehemann oder Chef als »Entsorgerin« zu dienen. Diese scheinbare Dummheit von Frauen, die sich auch im Verhalten der Märchenheldinnen spiegelt, ist Teil einer Dynamik, die zwischen Herrschenden und Beherrschten, zwischen Macht und Ohnmacht entsteht. Die meisten Frauen haben von ihren Müttern nur gelernt, daß die Verhältnisse nun einmal so sind und daß man sich in seine Lage zu fügen habe. Unter dem Eindruck der eigenen Ohnmacht beginnen sie zu resignieren. Wer sich ohnmächtig fühlt, verliert die Fähigkeit, ein eigenes Verhalten zu seiner Lage zu finden, auch nur Veränderungsphantasien hervorzubringen.

Das Märchen zeigt die Gänsemagd in einer solchen ohnmächtigen Situation, und es zeigt auch einen Weg, der aus dieser Situation herausführt. Sie muß sich zuallererst mit sich selbst beschäftigen, sich mit ihrem Schmerz, ihrer Trauer, ihren Verlusten konfrontieren. Um die aus dem Gleichgewicht geratenen Kräfte wieder in Einklang zu bringen, muß sie die Aspekte des Weiblichen, über die sie nichts gelernt hat, in sich selbst erkennen, sie miteinander versöhnen und so die Einheit ihrer weiblichen Kraft wiederherstellen.

Das Leitmotiv hat eine neue Wendung erhalten, der Ton der Klage hat sich geändert. Die Klage der Königstochter war das hilflose Jammern der Depression. Die Gänsemagd hat ganz bewußt den Kopf des Pferdes da angebracht, wo sie ihm täglich begegnen muß. Ihre Klage ist Trauer, »Trauerarbeit«, wie es mit einem Terminus der Psychotherapie heißt. Sie sieht ihrem Schmerz, ihrem Leiden, ihrem Verlust offen ins Gesicht. In der Depression wird das Verlorene und Unerfüllte verzweifelt festgehalten mit der illusionären Hoffnung, doch noch passiv Erfüllung zu finden. Die Liebe, Wärme, Zuwendung und Bestätigung, die ein Mensch in der Kindheit nicht bekommen hat, kann er als Erwachsener nicht mehr einfordern, jedenfalls nicht in der kindlich-passiven Form. Wenn ein erwachsener Mensch insgeheim Kinderwünsche in sich festhält, bleiben diese Wünsche unerfüllbar. Die Trauer dagegen gibt im Unterschied zur Depression das Verlorene auf, weint darum, läßt den Schmerz und das Leiden zu. Nur so ist ein Abschied möglich, eine Lösung von der Vergangenheit, nur so kann etwas Neues beginnen. An der schmerzenden Stelle können neue Gefühle wachsen; die Kinderwünsche wachsen allmählich in das tatsächliche Lebensstadium hinein und werden damit erfüllbar. Das geschieht, wie die ständige Wiederholung zeigt, nicht von heute auf morgen; es ist vielmehr ein langsamer, mühevoller Klärungsprozeß, ein »langer Abschied« mit vielen Rückfällen, Ängsten und Zweifeln, der nur ganz allmählich neue Hoffnung aufkeimen läßt. Doch er mobilisiert auch neue Kräfte.

An dieser Stelle kommt zum ersten Mal in dem alptraumhaften, traurigen Märchen eine gelöste, geradezu heitere Stimmung auf. Wenn die Gänsemagd ihr Haar löst und kämmt, wird sie wieder zur Königstochter. In dem goldenen Haar liegt ihre eigentliche Identität verborgen, zu der sie allmählich findet. Das wechselnde Lösen, Im-Wind-wehen-Lassen, Kämmen, Flechten und »Schnatzen«, das heißt Ordnen und Aufstecken der Haare legt den Gedanken an ein

Experimentieren nahe, ein Erproben der eigenen Ausstrahlung und Anziehungskraft, ein Freigeben und Ordnen dessen, was aus dem Kopf hervorwächst, der Ideen, Phantasien, Gedanken und Wünsche. Das setzt in der Gänsemagd sogar magische Kräfte frei; ein frischer Wind weht in ihrem Leben, und sie kann diesem Wind befehlen. Die Gänsewiese – das Exil – ist eine Zeit des Rückzugs auf sich selbst, der Selbstbesinnung und der Selbstfindung. Die Heldin des Märchens tritt hier ganz in das Reich der weiblichen Symbole ein.

Die Gänse, die sie hüten muß, sind die Vögel der Liebesgöttin. Auf Zypern war die Gans der Venus, in Griechenland der Aphrodite geweiht; wie die Tauben und Sperlinge, die den fliegenden Wagen der Liebesgöttin ziehen, sind auch Sumpf- und Wasservögel, Enten und Gänse, Vögel, die fruchtbar sind und gesellig leben, ihre Begleiter. Sie stellen den »Luftaspekt« der Göttin dar; als Himmelsgöttin wird sie selbst häufig geflügelt dargestellt. Sie bringt alles Leben hervor und schützt alles Leben, indem sie ihre Schwingen, ihren Himmelsmantel darüberbreitet. Sie erweckt die Kraft der Liebe in den Menschen und verleiht ihnen Flügel. Als Muse ist sie der geflügelte Geist der weiblichen Weisheit und der Inspiration.[21]

Der Pferdekopf dagegen gehört dem »Erdaspekt« der Göttin an; als Leukippe, als pferdeköpfige Demeter, steht sie für Kraft, Ausdauer und Beharrlichkeit, für das, was die Erde unerschütterlich immer wieder hervorbringt, für die Fruchtbarkeit der Herden und der Felder. Pferdeköpfig ist sie aber auch die Alte, die Herrin der Unterwelt und des Totenreichs, Hekate, die über drei Wandlungskörper verfügt: Löwin, Hündin und Stute.[22] Die dunkle Göttin fordert Blutopfer für die Fruchtbarkeit der Erde. Das Leben, das sie aus sich entläßt, schlingt sie auch wieder in sich hinein; sie ist der dunkle Bauch der Erde, aus dem alles hervorgeht und in den alles zurückkehrt. Sie ist die Trauer, das Leiden, der Schmerz und der Tod. Doch das verschlungene Leben wird nicht zerstört. Es geht durch das »finstere Tor«, um im Bauch der Göttin zu ruhen, gewandelt zu werden und verjüngt und strahlend wieder aus ihm hervorzugehen. Als Herrin der Finsternis gebietet die Göttin auch über das »dunkle Wissen«; sie gewährt den Menschen den Blick ins Verborgene, sie ist das Orakel, die Kunst der Wahrsagung, die Prophetie. Am Bild der Göttin, die Licht und Finsternis, Leben und Tod in sich vereint, muß die Gänsemagd zu ihrer eigenen Ganzheit finden.

Den dritten, den »Wasseraspekt« der Göttin stellt sie selbst dar. Das lockende goldene Haar ist das Attribut der Nymphen und Nixen, die halb Frau und halb Fisch sind und die es lieben, in der Sonne zu sitzen und ihr Haar zu kämmen und zu schmücken. Als Herrin der Wassertiefen trägt die Göttin alles Werdende und noch Ungeformte in sich; sie ist das »ozeanische Gefühl«, das Empfängliche, Sensitive, das Überströmende, die Kreativität.[23]

Es ist sicher kein Zufall, daß die Gänsemagd selbst im »Wasseraspekt« der Göttin erscheint. Sie ist noch ungeformt und halbfertig, nicht Fisch und nicht Fleisch, sie ist noch auf der Suche nach sich selbst. Die Heldin übt eine uralte Form der Verehrung, des Dienstes an der Großen Göttin aus: Sie ist die Hüterin der heiligen Tiere und die Bewahrerin verborgenen Wissens, des Orakels, aus dem der »Geist der Erde« spricht. Indem sie die Handlungen der Göttin nachahmt, wird sie mit dieser selbst identisch.

Überall, wo sich Spuren des weiblichen Initiationsweges erhalten haben, in Mythen, Märchen und Träumen, tritt ein gemeinsames Grundmuster in Erscheinung: Die Heldin wird von feindlichen Kräften überwältigt, wird von ihrem ursprünglichen Lebenszusammenhang getrennt und steigt hinab in die Niedrigkeit, in die Unterwelt. Sie muß »dunkel« werden, ehe sie als Gewandelte wieder ins Licht emporsteigt. Kore, die Tochter der Demeter, wird von Hades geraubt und in die Unterwelt entführt. Alles Leben erstirbt auf der Erde, solange die trauernde Demeter ihre Tochter sucht. Kore wird mit Hekate – oder Persephone – identisch, ehe sie wieder emporsteigt und als blühende Frühlingsgöttin das Leben erneuert.

In dem Jakutenepos »Die beiden Schamaninnen«[24] wird eine der Heldinnen, die Schamanin Uolumar – eine Reiterin auf einem Schimmel –, von einem Dämon überwältigt und in die Unterwelt geführt. Sie steht vor einem brodelnden Totenmeer: ». . . da schwimmen verdorrte Menschen statt Stören, Erfrorene statt Hechten, Kinder statt dünnen Fischchen.« Geister lassen durchdringende, unheimliche Vogelschreie ertönen, und die Herrin der Unterwelt tritt ihr entgegen: »Groß wie ein Pferdekopf tönen die Schellen ihres Ohrgehänges, einen Tagesmarsch weit war das Klingen ihres Brustschmucks zu hören; wie Eisenringe, Panzerringe funkelten . . . ihre

Augen.«[25] Erst nachdem die Heldin den Dämon überwunden und die Unterwelt verlassen hat, gewinnt sie ihre ganze Schamanenkraft. Sie kann nun nach Belieben ihre Gestalt wandeln; als häßliche Alte, in schäbige Fellreste gehüllt und auf einer Schindmähre reitend, führt sie ihre mächtigen Geisterbeschwörungen aus; als schöne, prächtig geschmückte Frau auf einem edlen Schimmel gewinnt sie ihren Geliebten, den Kranken, den sie durch ihre Beschwörung geheilt hat.

Auch in Träumen erscheint manchmal der Abstieg in die Unterwelt. Ich selbst träumte in einer krisenhaften Lebenssituation, daß ich mich in der Eingangshalle eines großen, alten Hauses befand. Eine breite, geschwungene Treppe führte nach oben. Ich war voller Angst und Spannung, denn ich mußte einen Brief oder ein Buch, eine geschriebene Botschaft jedenfalls, suchen, die von lebenswichtiger Bedeutung war. Aber die gesamte Halle und ein großer Teil der Treppe waren mit Büchern förmlich überschüttet; in Haufen lagen sie da wie ausgeleerter Bauschutt, so daß ich darüber hinwegsteigen mußte. Ich versuchte, die Treppe hinaufzugelangen, aber die Bücher gerieten in Bewegung wie eine Lawine; ich fand keinen Halt und rutschte immer wieder ab. Als ich mich umwandte, sah ich einen kleinen, weißhaarigen alten Mann. Der Bibliothekar, so nannte ihn mein Traum, half mir aus der Bücherlawine heraus und führte mich in den hinteren, dunklen Teil der Halle. Dort zeigte er mir eine kleine Tür, die offenstand und hinter der Stufen in den Keller hinabführten.

Eine Freundin erzählte mir von einem Traum, der

über einen Zeitraum von mehreren Jahren immer wiederkehrte: Sie wurde von einem Mann, der mal als ihr Vater, mal als ein älterer Freund erschien, aus einer Wohnung im oberen Stockwerk eines Hauses hinausgeworfen. Sie begann in dem dunklen Treppenhaus hinabzusteigen und fand keinen Ausgang. Die Türen, an denen sie vorbeikam, waren verriegelt, mit Brettern verbarrikadiert, oder es waren »blinde Türen«, hinter denen sich nur Mauerwerk verbarg. Während sie weiter und weiter hinabstieg, nahm sie aus der Tiefe den Geruch von Rauch und Feuer wahr.

Die Heldin des Märchens »Frau Holle« stürzt sich in Not und Angst in einen Brunnen und gelangt in die Unterwelt, in das Reich der germanischen Totengöttin Hel (von Hel leitet sich »Frau Holle« und auch das Wort Hölle ab), der sie als Hausmagd dient.

Die »Gänsehirtin am Brunnen« dient der Göttin eines Eichenheiligtums drei Jahre lang in Gestalt einer häßlichen »Trulle«, ehe sie in ihre ursprüngliche Gestalt, die der goldhaarigen Prinzessin, zurückkehrt.

Viele Märchenheldinnen machen eine Lehrzeit im Reich der Göttin durch. Sie ernten Äpfel, backen Brot, schütteln Betten, lesen Linsen aus der Asche, spinnen und weben. Immer haben die Aufgaben, die sie erfüllen müssen, den Charakter des Mühsamen und der Wiederholung. Anders als die männlichen Helden, die potentiellen Könige, die auf dem Weg vom Kind zum Mann Abenteuer bestehen und Mutproben ablegen müssen, um sich aus der Symbiose mit der Mutter zu lösen und um ihren Eros zu befreien, müssen die potentiellen Königinnen die Kräfte des

Weiblichen in sich erkennen, sie sich aneignen und damit identisch werden, um ihren Logos zu befreien. Dieser »weibliche Logos«, der Selbstbewußtsein und Handlungsfähigkeit verleiht, unterscheidet sich vom »Logos« der Kammerfrau. Sie hat sich mit fremden Federn geschmückt; ihre Durchsetzungsfähigkeit ist aufgesetzt und »falsch«. Die Kraft der Gänsemagd ist eigenständig und wächst von innen heraus. Sie lernt nicht nur ihre eigene Schönheit, ihre körperliche, seelische und geistige Fruchtbarkeit kennen, sie begegnet auch ihrem eigenen Aggressionspotential und lernt es einschätzen und zu den richtigen Zwekken einsetzen. Was jetzt geschieht, geschieht nicht mehr mit ihr oder über sie hinweg; sie selbst bringt die Dinge in Bewegung. »Weh, weh, Windchen ...«, sagt sie, und schon kommt ein Windstoß und treibt das Hütchen vor sich her, dem ihr Begleiter nachjagen muß.

Abends aber, nachdem sie heimgekommen waren, ging Kürdchen vor den alten König und sagte: „Mit dem Mädchen will ich nicht länger Gänse hüten." – „Warum denn?" fragte der alte König. „Ei, das ärgert mich den ganzen Tag." Da befahl ihm der alte König zu erzählen, wie's ihm denn mit ihr ginge. Da sagte Kürdchen: „Morgens, wenn wir unter dem finstern Tor mit der Herde durchkommen, so ist da ein Gaulskopf an der Wand, zu dem redet sie:

Falada, da du hangest,

da antwortet der Kopf:

O du Königsjungfer, da du gangest,
Wenn das deine Mutter wüßte,
Das Herz tät ihr zerspringen."

Und so erzählte Kürdchen weiter, was auf der Gänsewiese geschähe, und wie es da dem Hute im Wind nachlaufen müßte.
Der alte König befahl ihm, den nächsten Tag wieder hinauszutreiben, und er selbst, wie es Morgen war, setzte sich hinter das finstere Tor und hörte da, wie sie mit dem Haupt des Falada sprach: und dann ging

er ihr auch nach in das Feld und barg sich in einem Busch auf der Wiese. Da sah er nun bald mit seinen eigenen Augen, wie die Gänsemagd und der Gänsejunge die Herde getrieben brachte, und wie nach einer Weile sie sich setzte und ihre Haare losflocht, die strahlten von Glanz. Gleich sprach sie wieder:

„Weh, weh, Windchen,
Nimm Kürdchen sein Hütchen,
Und lass'n sich mit jagen,
Bis ich mich geflochten und geschnatzt
Und wieder aufgesatzt."

Da kam ein Windstoß und fuhr mit Kürdchens Hut weg, daß es weit zu laufen hatte, und die Magd kämmte und flocht ihre Locken still fort, welches der alte König alles beobachtete.

Kürdchen ist vom lang herabwallenden Haar seiner Gefährtin fasziniert. Lockende, geradezu magische Anziehungskraft wohnt diesem Haar inne, Lebendigkeit und unverhüllte Erotik. In Mythen und Märchen ist das Haar der Sitz der Lebenskraft, der erotischen und der magischen Potenz. »Wilde Frauen«, Mänaden und Hexen werden mit aufgelöstem, wehenden Haar dargestellt; das gelöste Haar ist ein Zeichen ekstatischer Zustände, sowohl des »gliederlösenden Eros« als auch des rasenden Schmerzes der Totenklage. In Ägypten und in Rom trugen Frauen das aufgelöste Haar zum Zeichen der Trauer.

Im Mittelalter trugen junge Mädchen das Haar offen oder in Zöpfen herabhängend. Die Braut trug den »Schnatz«, das aufgesteckte, schmückende Haarkrönchen[26]. Die verheiratete Frau kam »unter die Haube«, ihr Haar war unter Tüchern und Häubchen verborgen, die nichts mehr davon sehen ließen. Nur im Haus, in der Schlafkammer, befreite sie ihr Haar; ihre Erotik, ihre Sexualität waren allein ihrem Ehemann vorbehalten. Die heidnische Magie des weiblichen Haares war dem Mittelalter – in dämonisierter Form – noch ganz präsent. Das Öffnen und Losschütteln der Haare genügte, um einer Frau die Anklage der Hexerei einzubringen.[27] Unter dem Haar, glaubte man, sei das Hexenmal verborgen. Hexen wurden geschoren, nicht nur, um sie zu demütigen und zu brandmarken, sondern auch, um ihnen die magische Kraft zu rauben.

Kürdchen, der Gefährte der Gänsemagd, kann dem Glanz und der Pracht des geöffneten Haares nicht widerstehen. Er will diese Haare berühren, ja besitzen, sich einen Teil davon aneignen. Aber die Gänsemagd läßt ihn nicht nahe genug herankommen. Mühelos lenkt sie seine Aufmerksamkeit mit ihrem Windzauber ab, und wenn er zurückkommt, sind die Haare geflochten und wieder aufgesteckt; die Frau ist von der Prinzessin wieder zur Gänsemagd geworden, das lockende Geheimnis ist verborgen.

Kürdchen ist ein junger Mann oder ein Mann, der jünglingshaft geblieben ist, ein »puer aeternus«. Er ist beweglich, neugierig, sprunghaft und beeinflußbar. Von Frauen ist er fasziniert; er kann sich der Verführung nicht entziehen, sich aber auch nicht zu einer ernsthaften Näherung entschließen. Er entfernt sich rasch wieder, wenn »ein anderer Wind weht«, und jagt seinen Ideen, Phantasien und Idealen nach. Für die Gänsemagd ist er nicht der Mann, den sie sich bewußt erwählt hat, sondern der, der gerade da ist. Ihre weibliche Identität ist noch »geheim«. Sie zeigt ein wenig von sich selbst, aber nur, um sich alsbald wieder zu verhüllen und sich anders darzustellen, als sie in Wirklichkeit ist.

Die beiden spielen ein bekanntes Beziehungsspiel. Das Funkeln der erotischen Anziehung bringt sie einander nahe. Doch jeder kreist selbstversunken um seine eigenen Geheimnisse, Ideale und Phantasien, die er mit dem anderen nicht in Beziehung bringen kann. Das treibt sie wieder in die Distanz.

Das Geheimnis, das die Gänsemagd vor ihrem Gefährten verbirgt, ist eine »Jungfer Königin«. Das Männliche ist ihr fremd und furchteinflößend, sie läßt es nicht nahe an sich herankommen. Wie viele Frauen beherrscht sie die Technik, soviel Wind um sich zu machen, daß der Mann verwirrt davonläuft. Auch Frauen mit sexueller Erfahrung können etwas »Jüngferliches« haben, innerlich nie wirklich vom Männlichen berührt sein. Für einen Augenblick zeigen sie ihre Weiblichkeit in der sexuellen Begegnung, nur um sich sofort wieder in sich selbst zurückzuziehen. In den Wäldern und Teichen ihrer inneren Landschaft verwandeln sie sich, wie die amazonenhafte Artemis, in die jungfräuliche Jägerin zurück.

In einer Zeit der Selbstfindung kann eine Beziehung wie die zwischen Kürdchen und der Gänsemagd angemessen und dadurch sogar wichtig sein, daß sie beiden Partnern Zeit läßt, das richtige Verhältnis von Nähe und Distanz spielerisch zu erproben; doch als dauernde Einrichtung wird sie unerträglich. Jeder Partner bleibt im wesentlichen für sich und dem anderen unverständlich, die Begegnungen sind sporadisch und unbefriedigend, die Gemeinsamkeiten oberflächlich und äußerlich. Es kommt zu keinem Austausch, keiner wirklichen Verbindung, keinem »Erkennen«. Das führt zu Gefühlen von Traurigkeit und Einsamkeit – und zu erheblichen Aggressionen.

Kürdchen trägt seine Aggressionen nach außen; er läuft zum alten König und beschwert sich über seine Gefährtin. Die Gänsemagd frißt ihre Aggressionen in sich hinein; sie tritt unter das dunkle Tor und klagt vor dem Haupt des Falada um das Ungelebte und über ihre Enttäuschung.

Doch das ist nur ein Aspekt, unter dem man die Gestalt des Gefährten im Exil betrachten kann. Kürdchen kann auch als ein Persönlichkeitsanteil der Frau selbst gesehen werden. Während sie als Gänsemagd still und versunken in ihrem Zyklus von Trauer und Selbstbetrachtung kreist, ist Kürdchen in dauernder Bewegung. Seine Unruhe steigert sich allmählich zur Unzufriedenheit, die Lage wird ihm unerträglich.

Frauen müssen auf dem Weg der Selbstfindung lernen, den eigenen Trägheitswiderstand zu überwinden. Ein Teil des Weiblichen hat die Neigung, alles beim alten zu lassen, alles auf sich zukommen zu lassen und sich in jeder Lage einzurichten. Darin liegt eine Stärke: Geduld, Ausdauer, die Fähigkeit, Belastungen zu ertragen – aber auch eine Schwäche: die Tendenz, in Abhängigkeit zu verharren, keine Initiative zu ergreifen, längst fällige Entscheidungen ewig hinauszuzögern. Ein hilfreicher Geist muß in

Erscheinung treten, um diese Trägheit zu überwinden, ein kreativer Unruhegeist, ein positiver männlicher Anteil in der Frau. Kürdchen kann als ein solcher Anteil gedeutet werden. Die Gänsemagd lernt das Prinzip des anderen Geschlechts in sich selbst kennen.

Kürdchen trägt Züge des »Tricksters«, einer Gauklergestalt, die in Mythen und Märchen oft als Fuchs, Schakal oder Coyote dargestellt wird oder als witzig-spitzbübischer Jüngling. Überall, wo der Trickster auftritt, sorgt er für Unruhe und Verwirrung; er ist nicht gut und nicht böse, oder mal gut, mal böse. Er handelt aus plötzlichen Impulsen heraus, steckt voller Ideen, Listen und Intrigen, richtet Unheil an und spielt Streiche, über die er sich diebisch freut. Die Folgen seiner Streiche sind oft entscheidende Veränderungen. In indianischen Ursprungsmythen erscheint der Trickster oft als »Zweit-Gott«, als unfreiwilliger Vollender einer unfertigen Schöpfung. Frauen entdecken manchmal einen solchen Unruhegeist in sich, ein freches Bürschchen, das sie zu Reaktionen und Handlungen veranlaßt, von denen sie selbst am meisten überrascht sind.

Unsere Heldin hat sich auf sich selbst zurückgezogen und neue Dimensionen ihrer Persönlichkeit entdeckt. Ihr Selbstvertrauen ist gewachsen, aber noch lebt sie als Gänsemagd; die neugewonnenen Kräfte wirken noch nicht nach außen. Kürdchens Eingreifen bringt die Dinge in Bewegung; er ruft den alten König auf den Plan, den überlegenen Beobachter, der die Widersprüche und Ungereimtheiten aus der Distanz betrachtet und selbst verborgen bleibt.

In Krisenzeiten, wenn alles zu stagnieren scheint, treten manchmal Ereignisse ein, die später einen unerwarteten Sinn enthüllen. Wir nennen sie Zufall und finden es doch merkwürdig, daß sie mit der Dynamik unserer Veränderungen so vollkommen übereinstimmen. Eine innere Bewegung ist an einen Wendepunkt gelangt, und ein äußeres Ereignis treibt die Veränderung voran. Die Instanzen in uns, die das äußere Ereignis herbeigerufen haben, bleiben im Verborgenen, dem Verstand sind sie nicht greifbar.

Zunächst wiederholt sich auch alles noch einmal: das Gänsehüten, die Klage unter dem finsteren Tor, das Lösen, Kämmen und Ordnen der Haare. An der Wiederholung wird deutlich, wie mühsam und langwierig der Prozeß der Selbstfindung ist. Dieselbe Situation, dieselbe Grundkonstellation tritt in einem Leben unter veränderten Vorzeichen wieder und wieder auf. Das Wiedererkennen der Konstellation bringt nicht gleich eine Lösung. Ehe ein Problem gelöst werden kann, muß es erst deutlich, verständlich, vollständig bewußt werden. Ehe eine Veränderung eintreten kann, muß der gegebene Zustand erst in aller Klarheit erkannt und angenommen werden. Für manche Probleme gibt es vielleicht gar keine Lösung. Nur eine allmähliche Veränderung des Standpunkts, der Betrachtungsweise führt aus dem Wiederholungszwang heraus.

Die zwölfte Trumpfkarte des Tarot, »der Gehängte«, ist ein Bild dieses Stadiums auf dem Weg der Selbstfindung. Diese Karte gilt als Symbol der Einweihung. Man sieht zwei Pfähle oder Baumstämme, die durch einen Querbalken verbunden sind. An diesem Querbalken ist ein Mensch an den Füßen, mit dem Kopf nach unten, aufgehängt. Er ist zwischen zwei Polen ausgespannt und hat den Boden unter den Füßen verloren, ist also in einer elenden Lage. Seine Lage hat aber auch einen Vorteil: Mit dem Kopf nach unten hängend sieht er die Dinge völlig anders als zuvor.[28]

Auch die Prüfungen der Königstochter haben den Charakter des »Verkehrten«, der Vertauschung von oben und unten. Auch sie hat in ihrer elenden Lage Gelegenheit zur Selbstbetrachtung.

Der Ofen

Darauf ging er unbemerkt zurück, und als abends die Gänsemagd heimkam, rief er sie beiseite und fragte, warum sie dem allem so täte? „Das darf ich Euch nicht sagen und darf auch keinem Menschen mein Leid klagen, denn so hab ich mich unter freiem Himmel verschworen, weil ich sonst um mein Leben gekommen wäre." Er drang in sie und ließ ihr keinen Frieden, aber er konnte nichts aus ihr herausbringen. Da sprach er: „Wenn du mir nichts sagen willst, so klag dem Eisenofen da dein Leid", und ging fort. Da kroch sie in den Eisenofen, fing an zu jammern und zu weinen, schüttete ihr Herz aus und sprach: „Da sitze ich nun von aller Welt verlassen und bin doch eine Königstochter, und eine falsche Kammerjungfer hat mich mit Gewalt dahin gebracht, daß ich meine königlichen Kleider habe ablegen müssen, und hat meinen Platz bei meinem Bräutigam eingenommen, und ich muß als Gänsemagd gemeine Dienste tun. Wenn das meine Mutter wüßte, das Herz im Leibe tät ihr zerspringen." Der alte König stand aber außen an der Ofenröhre, lauerte ihr zu und hörte, was sie sprach. Da kam er wieder herein und hieß sie aus dem Ofen gehen. Da wurden ihr königliche Kleider angetan, und es schien ein Wunder, wie sie so schön war.

Der verborgene Beobachter tritt nun offen hervor und stellt der Gänsemagd seine Fragen. Das Widersprüchliche ihrer Persönlichkeit, das »Verkehrte« in ihrem Leben, tritt ihr nun klar ins Bewußtsein. Doch ehe sie Farbe bekennen, ehe sie sich als die Königstochter, die sie wirklich ist, zu erkennen geben kann, ist noch ein entscheidender Widerstand zu überwinden: der Schweigeeid. Wie sehr sich der alte König auch bemüht, aus der Gänsemagd ist nichts herauszubringen. Sie legt einen ganz erstaunlichen Trotz an den Tag.

Trotzige Verweigerung kann eine Uberlebensstrategie sein, eine erfolgreiche Abwehr von Demütigungen und Verletzungen durch Rückzug auf sich selbst und einen Wall stolzen Schweigens. Im Trotz liegt viel Kraft, doch diese Kraft ist gebunden; wie ein Panzer hüllt sie das zu Beschützende nicht nur ein, sondern hindert es auch daran, hervorzutreten, wenn keine Gefahr besteht, wenn kein Angriff zu erwarten ist. Wer als Kind oder junger Mensch gelernt hat, sich durch trotziges Schweigen seine Selbstachtung zu bewahren, der wird es als Erwachsener schwer haben, seine Trotzhaltung abzulegen. Die schützende Abwehr ist zur »zweiten Natur« geworden, zu der festen Gewohnheit, seine wahren Gefühle zu verbergen und niemals eine Schwäche zu zeigen. Wer sich außerdem von vornherein als Gänsemagd präsentiert, geht möglicher Kritik aus dem Weg und kann vor sich selbst die Vorstellung aufrechterhalten, daß »die anderen« den wahren Glanz unter der bescheidenen Hülle eben nicht erkennen.

Die Königstochter schämt sich ihrer Schwächen

und ihrer Niederlage; ihre Scham ist größer als das Bedürfnis, ihre Stärken zu zeigen. Eins ist aber ohne das andere nicht möglich. Wenn sie sich als Königstochter zu erkennen gibt, muß sie auch eingestehen, welchen Anteil die Kammerfrau an ihrem Schicksal hat – zugleich mit ihrer »Würde« muß sie auch ihre »Erniedrigung« zeigen.

Der alte König verhält sich wie ein geschickter Therapeut. Er erkennt den aus Trotz und Scham geborenen Widerstand, sieht, daß er nichts ausrichten kann, wenn er ihn direkt angeht, und findet ein Mittel, ihn zu unterlaufen. Statt an den Sinn des Eides hält er sich an seinen bloßen Wortlaut: »Du kannst also mit keinem Menschen sprechen – aber gegen einen Ofen ist doch nichts einzuwenden.« Nach diesem Angebot zieht er sich zurück.

Es ist schwer, über Dinge zu sprechen, die man als beschämend erlebt; es wird leichter, wenn man es in einer Situation der Geborgenheit tun kann, mit dem Gefühl, unbeobachtet zu sein; vor allem aber, wenn man über sich selbst schon ein wenig lachen kann. Der alte König stellt mit seiner List unter Beweis, daß er Sinn für Humor hat. Er hat sich nur scheinbar zurückgezogen, tatsächlich steht er am Ofenrohr und hört genau zu. Es liegt auch nahe, angesichts dieser Situation an einen Beichtstuhl zu denken und an einen Priester, der hinter dem Trenngitter verborgen dem Sündenbekenntnis lauscht.

Doch die Gänsemagd hat keine Sünden zu bekennen; es geht darum, etwas aufzudecken, was bisher verborgen geblieben ist.

Mit dem Bild der Frau, die in den Ofen kriecht,

treten wir wieder in die Symbolwelt des Weiblichen ein. In allen archaischen Kulturen hüten die Frauen das Feuer – in der Höhle, der Hütte, im Haus und im Tempel –, der Herd und seine Hüterin standen im Zentrum des sozialen und religiösen Lebens; die zentrale Feuerstelle war Kochplatz und Hausaltar zugleich. Mit dem Feuer steht auch die erste »magische« Kulturtätigkeit der Frau in Verbindung, die Wandlung der Nahrung vom rohen Natur- in den gekochten Kulturzustand. In der modernen Umgangssprache haben sich, was Wandlungszustände und ungelöste Probleme angeht, Metaphern aus dem »Herdbereich« erhalten. Wer etwas nicht einsehen will, aber einsehen muß, wird »langsam weichgekocht«, und wer der Lösung eines Problems unter großen Schwierigkeiten entgegengeht, »schmort im eigenen Saft«.

Ein melanesischer Ursprungsmythos erzählt von einer Herrin des Feuers und des Regens, die insgeheim, wenn die jungen Männer zur Jagd ausgezogen sind, ihre eigene Nahrung kocht. Die Jünglinge bekommen nur rohe Nahrung vorgesetzt. Wenn die alte Magierin kocht, zieht sie das Feuer aus ihrem eigenen Körper hervor, aus der Vagina. Sie selbst ist der Ofen, ihr Körper das Gefäß, in dem die »Materie des Lebens« gewandelt wird.[30] Sie gebietet auch über das »Wasser des Lebens«; als die Jünglinge bei dem Versuch, ihr das Feuer zu rauben, aus Unachtsamkeit einen Waldbrand verursachen, beschwört sie einen Regen, der das Feuer löscht.

Der wassergefüllte Kessel, in dem die Nahrung gart, der Krug, in dem der Pflanzensaft gärt und zum

Rauschtrank wird, der Ofen, in dem der Teig zum Brot ausgebacken wird, und die Retorte der Alchimisten, in der unedle Metalle die Wandlungsstufen bis zum Gold durchlaufen, stehen in Analogie; symbolisch stehen sie alle für das Gefäß der Wandlung, dessen Urbild der Uterus ist.

In das dunkle Gefäß der Wandlung muß jeder Initiand eintreten. Die symbolische Rückkehr in den Mutterleib, das Wiedererleben von Tod, Umwandlung und Geburt ist der eigentliche Vollzug der Initiation. Auf die 12. Trumpfkarte im Tarot, »der Gehängte«, folgt als 13. Karte »der Tod«. Der Wandlungstod, die Rückkehr in den Uterus, wird im Ritual durch den Eintritt in eine dunkle Höhle oder einen abgeschlossenen dunklen Raum dargestellt – oder symbolisch durch die Reise in die Unterwelt oder das Verschlungenwerden durch ein Tier. Der australische Medizinmann wird von einer Schlange verschluckt, der Eskimoschamane von einem Bären[31], der biblische Prophet Jona von einem Wal. Der sibirische Schamane wird von den Geistern auf Daumengröße verkleinert und in ein Ei oder Nest gesteckt, auf dem sich ein eiserner Vogel niederläßt, um ihn auszubrüten.[32] Im Märchen ist ein eiserner Brutofen das Wandlungsgefäß. Auch die Königin in »Brüderchen und Schwesterchen« wird durch Erhitzen getötet und gewandelt; die böse Stiefmutter und die schwarze, häßliche Stiefschwester haben im Bad »ein rechtes Höllenfeuer« gemacht. Und auch in dem Traum vom dunklen Treppenhaus, den ich zuvor erwähnte, nimmt die Träumerin aus der Tiefe den Geruch von Rauch und Feuer wahr.

Im Wandlungsgefäß vereinigen Feuer und Wasser ihre Wirkung; der Wandlungsvorgang wird häufig als Zerlegen oder Zerstückeln, Erhitzen und Kochen umschrieben. Nordasiatische Schamanen sehen in ihren Visionen, wie Geister ihre Körper zerstückeln, das Fleisch von den Knochen lösen, es in einem Kessel kochen und das Skelett mit der gewandelten Substanz neu bedecken. Der abgetrennte Kopf steht während dieses Vorgangs auf einem hohen Wandbrett, von wo aus er alles genau beobachten kann.[33]

Kessel der Wandlung und der Verjüngung gibt es auch in der keltischen und in der griechischen Mythologie. Pelops, der Sohn des Tantalos, wird zerstückelt und gleich zweimal gekocht; zuerst von seinem Vater, der den Göttern sein Fleisch zum Mahl vorsetzt, dann von den Göttern selbst, die ihn damit zu neuem Leben erwecken. Als Zeichen der Wandlung trägt er ein elfenbeinernes Schulterblatt (als Ersatz für das von der trauernden und zerstreuten Demeter gegessene). Er ist nicht mehr derselbe, er ist zu einer höheren Form gewandelt. Seine Gestalt ist schöner und strahlender als zuvor, er wird als Mundschenk in den Olymp aufgenommen.[34]

Die Zeit der Wandlung ist mit Angst, Schmerz und Trauer verbunden. Die Indianer, die Eskimo und die nordasiatischen Schamanen beschreiben den Weg der Initiation ausdrücklich als einen Weg des Leidens und der Einsamkeit. Drei Tage und drei Nächte ist Jona im Bauch des Wals gefangen. In Todesangst schreit er aus dem »Bauch der Hölle« und betet um Befreiung. Auch er geht als ein Gewandelter aus dem dunklen Gefäß hervor; in großer Erschütterung hat er seine Berufung zum Propheten angenommen. Neun Tage und neun Nächte irrt Demeter über die Erde auf der Suche nach ihrer Tochter Kore, die in der Unterwelt gefangen ist. Die Göttin fastet, klagt und trauert.

Die Gänsemagd läßt im dunklen Eisenofen ihrem Schmerz und ihren Tränen freien Lauf. Weinend gibt sie ihr Geheimnis preis; sie ist erschüttert über sich selbst. Die »hohen« und die »niedrigen« Seiten, die sie in sich trägt, treten ihr als Einheit gegenüber. Sie erkennt, daß sie sowohl eine Magd als auch eine Königstochter ist, daß sie sowohl über »Hoheit« als auch über »Gemeinheit« verfügt, daß der Teil von ihr, der sie in der Welt repräsentiert, eine falsche Identität, eine bloße Maske ist, mit der sie ihrem wahren Wesen Gewalt antut. Zum ersten Mal ruft sie selbst die Mutter an; »meine Mutter«, sagt sie an dieser Stelle – und eignet sich damit ihr Schicksal an.

Die Aufgaben und Prüfungen, die der eigentlichen Initiation vorangehen, haben den Sinn, den Initianden auf die Katharsis, den Augenblick der Wahrheit, vorzubereiten. Unvorbereitet ist eine solche kathartische Selbsterkenntnis kaum zu ertragen, denn sie bringt das bisherige Lebensgebäude oft zum Zusammenbruch. Selbsterfahrung und Selbsterkenntnis sind mit Gefahren und Risiken verbunden, führen aber schließlich doch zur Befreiung. Das bisher gelebte Leben mit all seinen Schwierigkeiten und erlittenen Verletzungen erscheint nicht mehr als eine Kette von Irrtümern und Niederlagen, sondern als etwas unverwechselbar Eigenes, zu dem man stehen kann.

Die Trumpfkarten des Tarot stellen in ihrer Abfolge solche Wandlungsprozesse dar.[35] Auf das Bild des Gehängten und des Todes als Schnitter – der Initiationsprüfung und des Wandlungstodes – folgt als 14. Karte das Bild einer Frau, die Wasser von einem silbernen in einen goldenen Krug umgießt. Die Lebenssubstanz wird in eine neue – edlere – Form umgegossen, darin stellt sich die geistige Neugeburt dar. Die Karte trägt die Bezeichnung »Die Mäßigkeit«, das legt noch einen anderen Gedanken nahe: Der Ausgleich zwischen den polaren Kräften wird geschaffen, das richtige Maß gefunden. Silber ist das Metall des Mondes, Gold das Metall der Sonne. Die Gestirne des Tages und der Nacht, die helle und die dunkle Seite, treten in ihrer Wirkung zusammen.

Als die Gänsemagd aus dem Ofen hervortritt, steigt auch ihr Stern wieder. Königliche Kleider werden ihr angetan, ihre echte Identität ist nach außen durchgedrungen, ihre vorher verborgene Schönheit tritt strahlend hervor. Das Gefühl der neugewonnenen Kraft, Klarheit und Übereinstimmung mit sich selbst nach einer überwundenen Krise kann so beglükkend sein, daß es wie ein Wunder wirkt.

Urteil und Hochzeit

Der alte König rief seinen Sohn und offenbarte ihm, daß er die falsche Braut hätte: die wäre bloß ein Kammermädchen, die wahre aber stände hier als die gewesene Gänsemagd. Der junge König war herzensfroh, als er ihre Schönheit und Tugend erblickte, und ein großes Mahl wurde angestellt, zu dem alle Leute und guten Freunde gebeten wurden. Obenan saß der Bräutigam, die Königstochter zur einen Seite und die Kammerjungfer zur anderen, aber die Kammerjungfer war verblendet und erkannte jene nicht mehr in dem glänzenden Schmuck. Als sie nun gegessen und getrunken hatten und guten Muts waren, gab der alte König der Kammerfrau ein Rätsel auf, was eine solche wert wäre, die den Herrn so und so betrogen hätte, erzählte damit den ganzen Verlauf und fragte: „Welches Urteils ist diese würdig?" Da sprach die falsche Braut: „Die ist nichts Besseres wert, als daß sie splitternackt ausgezogen und in ein Faß gesteckt wird, das inwendig mit spitzen Nägeln beschlagen ist: und zwei weiße Pferde müssen vorgespannt werden, die sie Gasse auf Gasse ab zu Tode schleifen." – „Das bist du", sprach der alte König, „und hast dein eigen Urteil gefunden, und danach soll dir widerfahren." Und als das Urteil vollzogen *war, vermählte sich der junge König mit seiner rechten Gemahlin, und beide beherrschten ihr Reich in Frieden und Seligkeit.*

Zum Schluß – das erwarten wir vom Märchen – wird das Verkehrte geradegerückt. Die Königstochter nimmt endlich den ihr gebührenden Platz ein.

Durch leidvolle Erfahrungen hat sie zu einem neuen Selbstbild gefunden. Damit hat sich auch ihre Einstellung zum Leben gewandelt; es erscheint nicht mehr wie eine Tretmühle, in der sich alles endlos wiederholt, sondern wie ein Festmahl. Am Fest des Lebens nimmt sie nicht allein teil. Wer sich befreit und lebendig fühlt, wirkt auch auf andere schön und anziehend. Die Gänsemagd hatte sich auf sich selbst zurückgezogen – die befreite Königstochter geht aus sich heraus. Sie tritt mit anderen in Beziehung, genießt die eigene Lebendigkeit und das Leben, das sie umgibt. Auch in der Beziehung zum anderen Geschlecht eröffnet sich eine neue Perspektive. An die Stelle des Wechsels zwischen dem Wunsch nach Nähe und der Angst vor Zugriff und Bindung tritt jetzt die Bereitschaft zu einer wirklichen Begegnung, der Wunsch nach einem ebenbürtigen Gegenüber.

In dem Königssohn ist offenbar auch eine Veränderung vorgegangen. Der alte König, die Stimme der Weisheit, die zum Verbündeten der Königstochter wurde, spricht nun auch zu ihm. Der alte König klärt ihn darüber auf, daß die Beziehung zu seiner bisherigen Königin auf falschen Voraussetzungen beruht. Das Hervortreten der anderen, der wirklichen Königin, die er vorher nicht wahrgenommen hat, geht ihm zu Herzen und wirkt auf ihn wie eine Offenbarung.

Vielleicht wundern – und ärgern – sich Leserinnen und Leser ebenso wie ich darüber, daß der junge König so erschreckend passiv bleibt. Unbekümmert lebt er dahin in der Gewißheit, den Thron seines Vaters zu übernehmen; ihm macht niemand den Rang und die Herrschaft streitig. Nicht einen Augenblick lang scheint er in seinem Selbstwertgefühl auch nur verunsichert zu sein. Nichts merkt er von selbst, alles muß ihm gesagt werden. Er stellt nicht einmal eine Frage. Er braucht keinen Irrtum einzugestehen und muß keine Mühen auf sich nehmen, um zu seiner »wahren Braut« zu kommen. Bisher war's die Falsche, nun ist es die Richtige – um so besser! Man fragt sich unwillkürlich, ob wohl das Verwechselspiel nun weitergeht und ob nicht die Königstochter jetzt den Falschen erwischt hat.

Doch wir wollen dem jungen König Gerechtigkeit angedeihen lassen. In anderen Märchen müssen die jungen Könige die Verborgene, die zu ihrer Gemahlin werden soll, durch mühsame Suchfahrten und zahlreiche Irrtümer finden und erkennen. In diesem Märchen ist der Königssohn eine konventionelle Figur – unentbehrlich für die Handlung, aber nicht selbst ein Handelnder. Seine Gestalt wird im Verlauf der Erzählung nicht »aktiviert«, sie macht keine Wandlung durch. Sein Weg – der Weg des männlichen Helden – ist nicht Gegenstand dieses Märchens, es konzentriert sich vielmehr ganz auf die Lebensreise der Heldin, auf weibliche Erfahrung.

Von dieser Perspektive aus ist vielleicht auch die Sitzordnung an der Hochzeitstafel zu deuten. Zwei

Bräute haben daran Platz genommen, sie sitzen zur Rechten und zur Linken des Königssohns. Sie haben die Reise gemeinsam angetreten, beide mit dem Ziel, Königin zu werden. Beide haben es bis zum Platz an der Hochzeitstafel gebracht – die eine mit den »falschen«, die andere mit den »richtigen« Mitteln. Die Entscheidung, wer schließlich den Thron einnehmen wird, ist noch nicht gefallen, für einen Augenblick bleibt alles in der Schwebe.

Die polaren Kräfte, die in der Heldin wirken, sind durch diese Konstellation noch einmal deutlich dargestellt. Sie hat sich von ihren Ängsten, Zweifeln und von ihren Selbstentwertungstendenzen befreit und hat zu einem neuen Bewußtsein ihrer Weiblichkeit gefunden, das nun genug Kraft hat, um sich auch in der Außenwelt darzustellen. Doch für eine Weile konkurrieren die vertrauten Durchsetzungstechniken, mit denen sie die Realität bisher erfolgreich bewältigt hat, noch mit ihren veränderten Einstellungen und ihrem neuen Selbstbewußtsein. Neue Erkenntnisse und eine veränderte Lebenssituation führen nicht schlagartig zu anderen Verhaltensweisen. Die aus dem Gleichgewicht geratenen Kräfte pendeln sich erst allmählich zu einem neuen »Oben und Unten« ein.

Wie Falada, das sprechende Pferd, erst durch die Opferwandlung die Sprache wiederfindet, wird auch die Königstochter erst wahrhaft königlich, nachdem sie durch die Gestalt der Gänsemagd hindurchgegangen ist und sie überwunden hat. Um wirklich Königin zu werden, um ihr Reich zu regieren und souverän ihre eigenen Lebensentscheidungen zu treffen, muß sie ein falsches Selbstbild endgültig aufgeben. Wie das geschehen soll, bleibt zunächst noch ein Rätsel.

Das Märchen löst das Rätsel auf drastische, ja brutale Weise: Die falsche Königin wird hingerichtet. Die Märchenlogik fordert, daß alles Böse, Falsche, Schlechte bestraft, das heißt überwunden wird. Die Kammerfrau ist tot, der Weg ist frei für die neue Königin. Soweit wäre alles in Ordnung.

Dennoch ist – selbst wenn man von der Grausamkeit der Strafe absieht – etwas Störendes und zutiefst Beunruhigendes an der Bestrafung der Kammerfrau. Die eigentlich Geschädigte, die Königstochter, wird nicht nach ihrem Urteil gefragt. Es geht auch gar nicht um das Unrecht, das ihr geschehen ist, sondern darum, daß die Kammerfrau »den Herrn« betrogen hat. Sie wird nicht dafür bestraft, daß sie sich ihrer Gebieterin und ihrer Schutzbefohlenen gegenüber illoyal verhalten hat, sondern dafür, daß sie gegen die Regeln des herrschenden Prinzips verstoßen, gegen die dienende Rolle rebelliert hat. Der alte König, hier ganz der Vertreter der herrschenden Macht, spricht zwar das Urteil nicht aus, bestätigt es aber und läßt es vollstrecken. Die grausame Strafe entspringt nicht der Phantasie der Märchenerzähler; das Zu-Tode-gerollt-Werden in einem nägelbeschlagenen Faß ist als Hinrichtungsmethode im Mittelalter belegt[36].

Die Nägel und das Selbsturteil der Kammerfrau erinnern an andere Schrecken des Mittelalters: an Hexenprozesse und Hexenproben. Frauen, die als Hexen angeklagt waren, erhielten eine scheinbare Möglichkeit, sich zu rechtfertigen und sich selbst das Urteil zu sprechen, indem sie grausamen Proben unterzogen wurden. Eine davon war als »Hexenstechen« bekannt. Die beschuldigte Frau wurde vor dem versammelten Tribunal entkleidet und mit eisernen Nadeln gestochen. Blutete sie, war sie unschuldig; blutete sie nicht, war sie als Hexe überführt. Die zerstochenen Frauen – ob sie nun bluteten oder nicht – kamen im allgemeinen nicht mit der Folter davon, es fand sich sicherlich ein anderer Beweis ihrer Hexerei. Noch deutlicher wird der Scheincharakter des Selbsturteils bei der »Wasserprobe«. Die angebliche Hexe wurde ins Wasser geworfen; ging sie unter, so bewies das ihre Unschuld, schwamm sie, war sie schuldig. Sterben mußte sie in jedem Fall, entweder unschuldig ertrinken oder schuldig verbrennen.[37]

In den Greueltaten, die Hexen zur Last gelegt wurden, in ihren Giftmischereien und Flugsalben, ihren blutigen Opferritualen und satanischen Orgien sind die dämonisierten Elemente des Kults der alten Muttergöttin leicht zu erkennen: der Rauschtrank, das Tieropfer und die Fruchtbarkeitsriten. Ein vor allem von Frauen tradiertes altes Wissen über die Kräfte der Natur, über Gifte, Rausch- und Heilmittel, über Geburt und Tod, Mantik und Prophetie wurde durch die Hexenverfolgungen allmählich ausgerottet.

In der Hexe wurde nicht einfach die böse Frau gesehen, sondern das Böse schlechthin; in ihr wurden nicht nur Reste heidnischer Überlieferungen, Reste einer eigenständigen weiblichen Kultur bekämpft, sondern der dunkle Machtaspekt des Weiblichen, der für eine vom männlichen Prinzip beherrschte Kultur unerträglich bedrohlich, furchteinflößend und schließlich zum Tabu wurde.

Jahrhundertelang tobte der Hexenwahn in Europa. Vom späten Mittelalter an nahmen die Hexenverfolgungen an Häufigkeit, Heftigkeit und Grausamkeit ständig zu und erreichten im 17. Jahrhundert die Dimension eines Holocaust, im Jahrhundert Newtons und Descartes', deren Werke zum Grundstein der Aufklärung und des »wissenschaftlichen Zeitalters« wurden. Das 18. Jahrhundert machte den Hexenverfolgungen ein Ende. Diese Leistung der Aufklärung kann gar nicht hoch genug bewertet werden. Doch nun schlug das Pendel zur anderen Seite aus. Unter der Herrschaft der Vernunft verschwand das »Irrationale« insgesamt aus der offiziellen Kultur. Die dem irrationalen Bereich zugeordneten besonderen Fähigkeiten und Begabungen von Frauen, ihre Verbundenheit mit der Erde, mit Leben und Wachstum, ihre ganzheitliche Auffassungsgabe, ihr Gespür für Beziehungsgefüge, für Atmosphären, Stimmungen und Emotionen, ihre Sehergabe und ihre Intuition wurden nicht rehabilitiert. Damit festigte sich ein Frauenbild, dem die Nachtseite und die Machtseite abhanden gekommen waren. Man konnte nun vom »schwachen Geschlecht« sprechen – und dieses Geschlecht wurde nur noch mit Weichheit, Sanftheit, Mütterlichkeit, Fügsamkeit, Furchtsamkeit und Schutzbedürftigkeit identifiziert. In positiver Hinsicht wurde der Frau statt der Sehergabe und schöpferischer Kräfte allenfalls noch »weibliche Intuition« zugestanden, in negativer Hinsicht statt blutrünstiger Wut allenfalls noch List, Verschlagenheit und Streitsucht.

Der Schluß des Märchens steht ganz in dieser

Tradition. Aus der spannungsgeladenen Konstellation der dunklen machthungrigen und der hellen sanftmütigen Frau bleibt nur eine lichte, schöne, lupenreine Prinzessin übrig.

Bei der Betrachtung des nägelgespickten Fasses drängt sich eine weitere Beobachtung auf. Die Schicksale der Königstochter und der Kammerfrau verlaufen in allen Einzelheiten spiegelverkehrt. Auch die Kammerfrau muß in ein Uterus-Gefäß hineinkriechen, doch hier ist es kein warmer Brutofen, in dem die Substanz des Lebens gewandelt wird, sondern ein Haifischrachen, der sie verschlingt, zerfleischt und vernichtet. Das klaffende, zähnestarrende Maul und die »vagina dentata« sind Kennzeichen der verschlingenden Mutter, des destruktiven Aspekts des Großen Weiblichen. Nichts ist in unserer Kultur so tief verdrängt wie dieser Aspekt.

In der Anrufung der indischen Magna mater, die als »Maya«, als psycho-physische Gestalt des Weltalls in Erscheinung tritt, heißt es: »Von dir wird diese Welt aus dir geschaffen und behütet, und am Ende ißt du alles wieder auf ... Wenn du die Welt aus dir hervorgehen läßt, ist Hervorgehen deine Gestalt, ist Bestand deine Gestalt, wenn du behütest – so ist Zusammenraffen deine Gestalt beim Ende dieser Welt ..., große Weisheit, große Maya, große Einsicht, großes Gedenken, große Verblendung, verehrungswürdige große Göttin, große Widergöttin! Du bist der unterschiedlose Urstoff von allem und entfaltest dich in der Dreifalt unterschiedlicher Artung. Du bist die Nacht des Weltentodes, die große Nacht und die Nacht der Verblendung, Unerbittliche.«[38]

Wie einseitig und eingeschränkt wirkt dagegen der letzte Rest des Weiblichen, das sich im Gottesbild unserer Kultur erhalten hat: Maria, die »reine Magd«, die nur noch Milde, Keuschheit und verklärte Mütterlichkeit repräsentiert. Doch wie alles Verdrängte kehrt auch das dunkle Weibliche in entstellter und dämonisierter Form wieder. In einer modernen Repräsentation zeigt es sich als verschlingende und zerstörende Riesenspinne. In einem Science-Fiction-Film der fünfziger Jahre[39] entweicht eine Tarantel aus dem Labor eines verblendeten Wissenschaftlers, der mit einer unkontrollierbaren Wachstumssubstanz das Problem des Welthungers lösen will. Die Tarantel wächst in kürzester Zeit zu der Größe eines Hochhauses an und vernichtet alles Leben, das ihr begegnet. Armeen werden gegen sie ins Feld geführt, können ihr aber nichts anhaben. Nach klassischer Märchenmanier wird sie durch Feuer vernichtet: Napalmbomben machen ihr den Garaus.

Als ein in der gesamten Kultur verdrängtes Element können Frauen selbst das Wirken des dunklen Mutterarchetyps, der destruktiven Seite des Weiblichen, in sich nicht erkennen. Eine dämonische Macht, das zeigen Mythen und Märchen, kann nur gebannt werden, wenn man ihren Namen kennt. Eine Göttin, die auch als »große Verblendung« in Erscheinung tritt, kann man bitten, sich von einer anderen Seite zu zeigen. Etwas Unbekanntes aber kann man weder respektieren und versöhnen noch bekämpfen.

Von der Kammerfrau heißt es, daß sie verblendet war und daß sie in ihrer Verblendung die andere, die positiv-weibliche Seite in ihrem Glanz nicht mehr erkannte. Sie ist dem destruktiven Mutteraspekt zum Opfer gefallen. Sie hat sich mit einer lebensfeindlichen Macht identifiziert, ist für alle anderen Aspekte des Lebens blind geworden und unfähig, ihre Weiblichkeit als glänzend und wertvoll zu erleben. Sie ist kein »Gefäß des Lebens« geworden, schöpferisch – körperlich, geistig und seelisch fruchtbar –, sondern ein Faß voller Nägel, verbittert und selbstzerstörerisch.

Eine intelligente, ehrgeizige Frau, die das Wagnis eingeht, eine Machtposition anzustreben und schließlich sogar einzunehmen, kann leicht in diese Gefahr geraten. Alles, was in einem traditionellen Sinn weiblich an ihr ist – ihre Sanftheit, Liebenswürdigkeit, Kompromißbereitschaft, ihr Verständnis und ihre Bereitschaft, auf andere einzugehen –, wird sich in einer Berufswelt, in der nur wölfischer Konkurrenzkampf zählt, als Hemmschuh ihrer Karriere erweisen. Wenn sie sich nun den Regeln dieser Welt anpaßt, kühl, kontrolliert, entschieden und kompromißlos auftritt und ihre Bereitschaft zeigt, ihre Ziele auch kämpferisch durchzusetzen, wird sie als erstes der Vorwurf der »Unweiblichkeit« treffen. Wagt sie es noch, diesen Vorwurf zu ignorieren, der ja von vornherein dazu gedacht ist, Frauen vom Weg der Macht abzuschrecken und auf den für sie als richtig erachteten Platz an der Basis der Pyramide zurückzuverweisen, muß sie mit permanenten Angriffen und Verletzungen rechnen. Mit welchen ironischen Aperçus, Witzeleien, herabsetzenden Adjektiven und vulgären Schimpfwörtern werden Politikerinnen und andere Frauen, die berufliche und gesellschaftliche Machtpositionen einnehmen, bedacht! Da sie wenige sind und in ihren jeweiligen Arbeitsfeldern häufig ausschließlich mit Männern zu tun haben, können sie sich nicht einmal untereinander solidarisieren. Und nicht nur den Haß der Männer müssen sie ertragen. Sie ziehen die Ressentiments und die Aggressionen von Frauen auf sich, die sich machtlos fühlen und ihre eigenen Machtbedürfnisse unterdrücken; diesen gilt die »Karriere-Frau« als Verräterin und Überläuferin ins feindliche Lager.

Eine Frau, die vom anderen wie vom eigenen Geschlecht mit Mißtrauen betrachtet und abgelehnt wird, muß sich ständig in die Defensive gedrängt fühlen. Ihre Leistungen und ihr Mut, auf die sie sicher stolz ist, finden nirgendwo neidlose Anerkennung. Vielleicht legt sie sich einen harten Panzer zu und straft nun ihrerseits ihre feindliche Umwelt mit Haß und Verachtung, während sie innerlich von Einsamkeit, Enttäuschung und Selbstzweifeln zerfressen wird.

In den verwandten Märchen wird die Feindin der Heldin als hinterlistige böse Hexe dargestellt; darauf verzichtet unser Märchen. Die Kammerfrau ist herrisch, machthungrig und intrigant, aber in erster Linie ist sie eine Rebellin, die sich in einer Welt voller Schranken und Standesdünkel kämpferisch durchsetzt und in der Wahl ihrer Mittel skrupellos ist. Die aggressiven Kräfte, die sie repräsentiert, sind nur dann destruktiv, wenn sie unbewußt bleiben, wenn sie das Ich überfremden und überwältigen und anderen, edleren Eigenschaften keinen Spielraum zur

Entfaltung mehr lassen. Einem ausgeprägteren und erstarkten Ich stehen sie jedoch auf dem richtigen, dem dienenden Platz als wertvolle Hilfsmittel und notwendige Waffen zur Verfügung.

Die Gänsemagd ist aufgestiegen zur Königin – die Kammerfrau muß, um das Gleichgewicht der Kräfte wiederherzustellen, hinuntersteigen. Die Rätselfrage zum Schluß des Märchens müßte, in psychologischen Termini ausgedrückt, eigentlich heißen: Wie wird die Heldin jetzt, da sie zu ihrer Identität gefunden hat, mit ihren aggressiven und destruktiven Anteilen umgehen? Dieses Rätsel löst das Märchen nicht. Wir Frauen müssen es für uns allein lösen, und »der Herr«, das herrschende Bewußtsein, wird uns dabei sicherlich keine Hilfe sein.

Zum Schluß erfahren wir nur noch, daß die Heldin zur Gemahlin des jungen Königs wird und daß beide ihr Reich in Frieden und Seligkeit beherrschen. Das kommt etwas unvermittelt und überraschend. Es ist eher ein hoffnungsvoller Ausblick als ein Abschluß.

Mythen und Märchen enden nicht, sie erzählen sich in den Menschen weiter. Auch unser Märchen endet da, wo ein neuer Wandlungszyklus beginnt. Das Urteil stellte – auf drastische Weise – das Gleichgewicht der Kräfte wieder her. Die Hochzeit ist das Gegenbild dazu: Die polaren Kräfte, weiblich und männlich, hell und dunkel, vereinigen sich zu einer Ganzheit. Die unsichere junge Königstochter ist durch einen langen Erfahrungsprozeß zu einer selbstbewußten, souveränen Frau geworden. Das ist kein Endpunkt, sondern ein Neubeginn. Das neue Selbstbild muß sich im lebendigen Austausch mit einem Gegenüber weitergestalten, wachsen, wirksam und schöpferisch werden, neue Formen hervorbringen.

Hoffen wir, daß die frischgebackene Königin in ihrem König ein verständnisvolles Gegenüber findet, einen Mann, der beide Seiten kennt und der seine Frau in ihrer hell-dunklen Ganzheit akzeptieren kann. Hoffen wir weiter, daß die Heldin nun, da die hexenhaften Kräfte der Kammerfrau aus ihrem Leben verschwunden sind, positive weibliche Magie an ihre Stelle setzen kann, daß sie weiterhin ihr goldenes Haar lösen und die Dinge in Bewegung bringen kann, denn etwas Windmagie wird ihr auf ihrem weiteren Weg sicher not tun. Vielleicht findet sie auch eine neue Kammerfrau, eine, die ruhig ein bißchen intrigant sein darf, die sich aber loyal verhält und sie in ihrer königlichen Verantwortung unterstützt. Sie beginnt als Königin ihr eigenes Leben zu regieren; auf einer neuen Stufe, mit mehr Wissen und mehr Erfahrung, kann sie sich jederzeit an jedem Wendepunkt des Märchens – oder in einem anderen Märchen – wiederfinden.

Anmerkungen

1 Johannes Bolte und Georg Polivka: Anmerkungen zu den Kinder- und Hausmärchen der Brüder Grimm, Leipzig 1913–32, Hildesheim 1963
2 Lutz Mackensen (Hrsg.): Handwörterbuch des deutschen Märchens, Berlin 1934–40
3 Berte aus grans pies; zum ersten Mal um 1275 bei Adenet LeRoi belegt
4 Handwörterbuch des deutschen Märchens, a.a.O.
5 Claude Lévi-Strauss: Das wilde Denken, Frankfurt a. M. 1969
6 Nachwort von Heinz Röllecke, in: Brüder Grimm, Kinder- und Hausmärchen (im folgenden KHM genannt), Ausgabe letzter Hand, hrsg. von Heinz Röllecke, Stuttgart 1980–83
7 KHM, Originalanmerkungen der Brüder Grimm.
8 Deutsches Wörterbuch von Jakob und Wilhelm Grimm, Leipzig 1854, München 1984
9 Pierre Grimal (Hrsg.): Mythen der Völker, Bd. 3, Frankfurt a. M. 1967
10 Robert von Ranke-Graves: Die weiße Göttin, 1948, Berlin 1981
11 Margarete Mitscherlich: Die friedfertige Frau, Frankfurt a. M. 1985
12 ebenda
13 Marie Louise von Franz: Die Einsicht in den Schatten, in: C. G. Jung u. a.: Der Mensch und seine Symbole, Olten und Freiburg 1968
14 Thrymlied oder des Hammers Heimholung, in: Götterlieder der älteren Edda, Stuttgart 1960–82
15 Otto Borst: Alltagsleben im Mittelalter, Frankfurt a. M. 1983
16 KHM: Ferenand getrü un Ferenand ungetrü

17 Frederik Hetmann (Hrsg.): Indianische Märchen, Frankfurt a. M. 1970
18 Erich Fromm: Märchen, Mythen, Träume, 1951, Reinbek bei Hamburg 1981, S. 143
19 Friedrich Kluge: Etymologisches Wörterbuch, Berlin, New York 1975
20 Mircea Eliade: Schamanismus und archaische Ekstasetechnik, Zürich und Stuttgart 1957; s. auch Uno Harva: Die religiösen Vorstellungen der altaischen Völker, FF Communication, Helsinki 1938
21 Erich Neumann: Die Große Mutter, 1956, Olten und Freiburg 1974–85
22 Robert von Ranke-Graves: Griechische Mythologie, 1955, Reinbek bei Hamburg 1960–84
23 Erich Neumann: Die Große Mutter, a.a.O.
24 Olga Rinne (Hrsg): Wie Aua den Geistern geweiht wurde, Darmstadt und Neuwied 1983
25 ebenda
26 Gerhard Wahrig: Deutsches Wörterbuch, 1975–84
27 Marie-Luise Könneker: Haarproben, Darmstadt und Neuwied 1983
28 Rudolf Bernoulli: Die Zahlensymbolik des Tarotsystems, in: Eranos-Jahrbuch 1934, Zürich 1935
29 »Die Entstehung des Feuers«, in: Paul Hambruch (Hrsg.): Der Tanz der Vögel, München 1964
30 Erich Neumann: Die Große Mutter, a.a.O.
31 Mircea Eliade: Schamanismus ..., a.a.O.
32 Adolf Friedrich und Georg Buddruss: Schamanengeschichten aus Sibirien, München–Planegg 1955
33 Mircea Eliade: Schamanismus ..., a.a.O.
34 Robert von Ranke-Graves: Griechische Mythologie, a.a.O.
35 Rudolf Bernoulli: Die Zahlensymbolik des Tarotsystems, a.a.O.
36 KHM, Originalanmerkungen der Brüder Grimm
37 Kurt Seligmann: Das Weltreich der Magie, Stuttgart 1958
38 Heinrich Zimmer: Maya – der indische Mythos, 1936, Frankfurt a. M. 1978, S. 479
39 »Tarantula«, Regie: Jack Arnold

Harriet Goldhor Lerner
Wohin mit meiner Wut?
Neue Beziehungsmuster für Frauen
Aus dem Amerikanischen übertragen von Olga Rinne
220 Seiten, kartoniert

Dieses Buch geht davon aus, daß wir lernen können, unsere Wut zum Ausgangspunkt von Veränderungen zu machen. Wir leiden, wenn wir nicht wagen, unsere Aggressionen zu zeigen, wir leiden aber auch, wenn wir feststellen müssen, daß unsere Wut, wenn wir sie spontan ausleben, nichts bewirkt. In beiden Fällen weichen wir der Notwendigkeit aus, etwas in unserem Leben zu verändern. Wut ist nicht nur ein starkes Gefühl, sie ist auch ein Signal. Die gesellschaftliche Tradition hält – vor allem Frauen – davon ab, sich der eigenen Wut auch nur bewußt zu werden, geschweige denn, ihr offen Ausdruck zu geben.
Die Autorin begleitet den Leser mit großer Sachkenntnis auf dem schwierigen Weg, Aggressionen in der Beziehung zu erkennen, ihren Gründen auf die Spur zu kommen und die Wut zur fruchtbaren Veränderung des eigenen Verhaltens einzusetzen – und dabei der Angst vor dem Neuen standzuhalten. Der Lohn für die Auseinandersetzung mit unserer Wut kann ein klares Bewußtsein unser selbst und eine neue, zufriedenstellendere Form von Beziehung sein.

Weisheit im Märchen
Herausgegeben von Theodor Seifert

Neben dem vorliegenden Band sind erschienen:

Theodor Seifert · Schneewittchen

Angela Waiblinger · Rumpelstilzchen

Ingrid Riedel · Hans mein Igel

Helmut Remmler · Der Königssohn, der sich vor nichts fürchtet

Verena Kast · Der Teufel mit den drei goldenen Haaren

Hildegunde Wöller · Aschenputtel

Hans Jellouschek · Der Froschkönig

Lutz Müller · Das tapfere Schneiderlein

Franz Kaufmann · Der gestiefelte Kater

Rosmarie Bog · Das Wasser des Lebens

Hans Dieckmann · Der blaue Vogel

Helmut Hark · Der Gevatter Tod

Ursula Eschenbach · Hänsel und Gretel

Uwe Steffen · Die zwei Brüder

Helmut Barz · Blaubart

Kreuz Verlag